SINO FOREIGN MANAGEMENT 中外管理
出品人◎杨光

中外管理企业成长史丛书
CHINESE AND FOREIGN MANAGEMENT ENTERPRISE GROWTH HISTORY BOOKS

从一棵树，到一片森林

和利时交通业务成长启示录

王　爽　李明实◎著

企业管理出版社
ENTERPRISE MANAGEMENT PUBLISHING HOUSE

图书在版编目（CIP）数据

从一棵树，到一片森林 ：和利时交通业务成长启示录 / 王爽，李明实著. — 北京 ：企业管理出版社，2022.4

ISBN 978-7-5164-2589-3

Ⅰ. ①从… Ⅱ. ①王…②李… Ⅲ. ①高技术企业－企业管理－经验－北京 Ⅳ. ①F279.271

中国版本图书馆CIP数据核字(2022)第051815号

书　　名：从一棵树，到一片森林：和利时交通业务成长启示录

作　　者：王爽 李明实

责任编辑：辛国奇 尚元经

书　　号：978-7-5164-2589-3

出版发行：企业管理出版社

地　　址：北京市海淀区紫竹院南路17号　邮编：100048

网　　址：htt:/www.emph.cn

电　　话：编辑部（010）68414643　发行部（010）68701816

电子信箱：qiguan1961@163.com

印　　刷：北京天宇万达印刷有限公司

经　　销：新华书店

规　　格：170毫米x240毫米 16开本 18印张 240千字

版　　次：2022年5月第1版 2022年5月第1次印刷

定　　价：88.00元

序言

在我结束八年退休生活，重新回到和利时集团领导岗位之后不久，收到了这份沉甸甸的稿件。阅读着稿件，我的眼前不断映现出当年与铁路业务部门干部和工程师们日日夜夜拼搏进取的场面，心情久久不能平静。和利时何等的幸运，能够参与举世瞩目的中国高铁建设，并成为关键的信号系统供应者之一。

机会和运气从来都是为有准备的人预备的。由于工作和学习方面的原因，我在20世纪九十年代，经常到美国、日本和欧洲参观考察。目睹了三个地区不同的先进交通模式，并预测到将来中国不会采用美国的模式，而一定会采用欧洲和日本的高速铁路模式。于是，在和利时发展初期，就展开了信号产品的研发，为切入铁路信号业务做各种准备。在2000年，当时和利时公司的乔力董事长让我去看一家成立不久的专业从事铁路信号产品开发的公司。历史就这样拉开了序幕。我见到了刘勤总经理、徐悦老师和何春明博士，并参观了他们的开发环境。实在说我对他们当时简陋的开发环境和产品没有什么兴趣，倒是他们扎实的铁路信号知识和技术基础，特别是他们不畏艰难，要打造中国先进信号系统的决心深深打动了我。我当时就意识到这正是我寻求很久的团队，是苍天赐予和利时最珍贵的礼物。共同的使命，使我们很快结合到一起。

和利时的铁路信号业务用不到二十年的时间，追赶并超过了国内和国际同类业务公司几十年甚至上百年的发展进程。这里面自然有我们团队积极进取、艰苦卓绝的努力，但是这成绩更离不开诸多因缘。首先，我们应该感谢这个时代。没有中国高速铁路的超常规发展，就没有和利时的铁路信号业务。国外几年建设一条高铁，而中国一年建设几条甚至十几条高铁。正是这个快速发展的市场，给予了和利时最充足的营养，让我们的技术和产品快速迭代，实现了跨越式发展。

我们还要感恩铁道部各级领导的积极创新和敢于突破的精神。我们永远不会忘记铁道部几届主管领导对我们无私的支持、鼓励和鞭策。和利时以前并没有从事铁路信号业务的经验。我当时去拜见铁道部主管信号业务的电务局胡东源局长，跟他汇报了和利时在自动化系统方面的成功开发和产业化经验，请求胡东源局长给我们一个机会，并表示我们不要任何资金支持，他立即带领主管的业务领导和技术专家到和利时考察。是我们独立自主的创新精神和刚并入公司的铁路业务专家的技术功底打动了胡局长。他当即指示要尽量给我们支持和机会。不久，我们就迎来了中国铁路第六次大提速的艰巨攻关。此时的和利时已经等候在幸运大厦的门口了。我永远不能忘记徐啸明局长对我们的严肃警告："王博士你要永远记住，如果咱们的信号系统出问题，会直接造成严重交通事故，咱们就是杀人犯！"我们更不会忘记当时的刘朝英副局长以及许多专业处长无数次亲临公司现场，指导检查我们的工作和产品。

我们还要感谢与和利时共同奋斗的国际合作伙

伴。初期，中国高速铁路建设采用了国际国内合作开发的模式，每一个团队都与一家国际著名公司合作，以国际先进技术为基础，但是必须重新开发以满足中国高速铁路的标准。这对和利时来说，既是学习、提高的机会又是挑战。因为和利时从来都是自主开发，没有引进过别人的技术，更没有与国际公司合作的经验。但是，为了在极短的时间内赶上国际先进水平，我们必须站在巨人的肩膀上再攀登。我们从日立公司的专家身上学习到了一丝不苟的敬业精神，更学到了高可靠产品的质量保障体系建设。我们从安萨尔多公司学到了欧洲高铁信号标准。

和利时公司第一代的高铁信号系统开发并投入运营之后，我们并没有停止脚步，公司立即组织攻关，在原有的技术基础上，采用更先进的平台和技术，迅速开发了完全自主的全套系统平台，并且全部通过了国际安全产品认证。不仅能够完全满足中国高速铁路信号系统应用需求，也为公司未来实现国际化奠定了基础。

对和利时来说，这次铁路信号系统的成功发展，也标志着和利时可以通过并购整合来发展新业务的探索。和利时铁路信号业务的成功当然主要依靠当初并购来的国铁浩通团队，但是和利时集团也同时为此业务的发展给予了最高的重视和支持。我对信号业务是外行，但是我每周不管多忙，都会参加他们的例会，目的是真实了解他们的资金和人才需求，给他们做好“后勤部长”。和利时各级领导从来不把他们当作外来人，而是视作公司的核心业务来配备各种资源，而高铁信号业务团队为了实现他们的宏伟目标，也积极融入和利时的大家庭，形成统一的整体。这也是此次攻关成功的保证。

和利时高铁信号业务二十年的发展，不仅收获了市场、技术和安全管理的平台，更培育了一支精通高铁信号业务、安全理念牢固的团队。团队成员大部分都是大学或研究生毕业就来到和利时，经过数十年的实际锤炼，这些人才已经组合成可以成熟应对各种挑战的团队。和利时高铁信号业务的辉煌是他们创造的。我为他们倍感自豪！

国际铁路信号公司都是百年以上的公司。与他们相比，和利时还是一个少年，生机勃勃，但是还很幼稚。我们不会为眼前的成绩沾沾自喜。我作为一名和利时老兵和这个神圣业务的拉拉队长，衷心祝愿和利时交通业务的同事们，在这次总结完成之后，放下过去的成绩，继续提升产品的技术水平和功能，放眼国际，开拓未来，打造百年基业！

和利时集团上市公司首席执行官/执行董事

2022年4月

目录

第6章 业务根基

第7章 业务土壤

引 子

高铁
到底怎么“跑”

“你难以想象切开空气向前奔跑的感觉是怎样的。”

这是英国女演员弗朗丝·金伯尔，1830年第一次乘坐火车时的感慨。但那时火车的时速还不到20公里。

1978年，邓小平访日乘坐时速210公里的新干线高铁时，曾感慨：就是快哦！我们现在很需要跑。

而今，中国最快的高铁时速，已达到350公里！如今，中国高铁，是全球投入运营时速最快，运营里程最长、运行环境最复杂的高铁，同时也是全球最安全的高铁。

是的，安全。高铁跑得快，和安全地跑得快，绝对是两回事。所有的快，所有的跑，都要基于稳定和安全。但，这绝非易事。

当列车时速达到350公里，也就意味着每1秒钟，列车就会向前飞驰出90多米。而人眼的有效目视距离，不超过600米，路旁的信号标示转瞬即逝。不难想象，司机单靠自已根本来不及准确辨认，也无法及时应对线路上的突发情况。于是问题就来了：既然如此不易掌控，但风驰电掣的高铁早就跑遍中国大江南北，甚至高寒高原，每年数以亿计的国人搭乘高铁纵横华夏，在这样高的速度下，中国高铁为什么能安全行驶？

秘密在于我们拥有全球先进的高铁列车控制系统（简称列控系统）。

众所周知，开飞机最难的不在飞起来，而是降落。同样，制约火车速度的难点不在能不能跑更快，而是能不能安全停下。高速列车实现“遇危即停”的关键，正是这个“列控系统”。它被称作“高铁的大脑”，是一个无形的指挥家。正是它，让全国铁路线路图上的5000多列（2021年10月数据）高铁列车，每一天都井然有序地飞奔着。可以说，每位高铁乘客的安全，都在不知不觉中，与它息息相关。

那么，这位看不见、摸不着的“指挥家”，到底是怎样指挥高速列车的？

在以前没有电子化系统支撑下，传统火车的行驶，只能靠司机用肉眼观察铁路旁的信号灯，来判断列车是否应该继续前进。因此，车人相撞、车车相撞，风险时刻存在。而到了高铁时代，列车控制系统创造性地将列车安全运营的元素，从分散的、人工的状态，集中到了中心、车站和列车内，并通过信息化和电子化的方式，将其整合、连接，从而实现了高效、准确的判断和决策。通过列车控制系统，司机可以随时轻松地掌握火车以及沿线的实时信息，完成列车的间隔控制和速度控制，避免了高速列车在运营中发生相撞、追尾等事故的风险。

听着还是云里雾里？具体点说，高铁到底是怎么做到不会追尾的呢？

所有高铁的行驶计划都由调度中心统一安排，当调度中心制定好行车计划后，通过数据传输网络，把计划送到地面设备，由地面设备形成针对每列车的包含速度、距离信息的“许可”。再由地面设备把相关信息和指令发送到对应的每一列高铁上的列控系统车载设备。

而后，车载设备根据地面设备提供的可以安全运行的距离、线路数据，结合列车自身的制动性能，实时计算出列车安全运行的最高速度曲线。

然后，司机在这条安全速度曲线上限之下，主动加减速来控制实际列车运行速度。

在高铁行驶过程中，列控系统会连续不断地收集线路实时状态和运行条件。如果线路有异状，或者列车速度超过了安全红线，列车控制系统都会采用相应安全防护措施，自动输出制动，保证列车安全运行，万无一失。

不仅如此，有列车控制系统加持的高速列车，甚至能做到自动驾驶！

在自动驾驶的列车上，司机只要按一个启动按钮，就可以实现列车从车站自动发车、在站间自动运行、运行时间按计划自动调整、到达车站精确停车、停车后自动开门。在自动驾驶模式下，开高铁，甚至比开汽车更简单！

哇喔，厉害了！

这套高铁列控系统的核心供应商，并非来自海外，而是我们中国的——和利时科技集团旗下的北京和利时系统工程有限公司(以下简称和利时)。

其实，当你坐上一辆高铁列车，将大概率地被和利时集团所生产、设计的列车控制系统服务着。只是，你不会直接感受到它的存在。

截至2021年，和利时有2800多套列控车载系统应用于全国高铁网络各个型号的复兴号、和谐号动车组，占据列控车载系统半壁江山，还有1100多套列控地面设备应用于国内61条高速铁路、城际铁路等干线铁路。

从这个角度讲，和利时是名副其实的轨道交通领域里的核心企业之一。

自轨道交通业务成立以来，和利时历经十几年的快速发展，如今已成为中国干线铁路列车运行控制系统、城市轨道交通综合监控系统行业的龙头企业。

所有今日的白天鹅，一开始其实都像丑小鸭。

就在和利时刚刚进入信号行业时，高铁列控系统的核心技术，还被极少数海外跨国公司垄断。那么作为“一穷二白”的信号“新玩家”，和利时又是怎么实现从无到有进而打开局面的？

2005年，和利时以与日本公司合作为起点，通过国产化消化吸收、学习和创新，经过短短6年时间，就实现了技术从跟随到引领。

然而，和利时能在几年之内，在高铁控制系统上实现核心技术质的突破，迅速占领市场，最核心的秘诀是什么？用一个词总结就是：实践。

这就像中国人口多，所以中国的外科大夫临床经验就让全世界都艳羡一样。目前，中国的高铁运营规模已经占全世界总量的70%左右，在运行公里数、应用场景（从天南到海北，从湿热到高寒）丰富度上自然超过国外公司，解决的问题、积累的经验就更多了。所以时至今日，在时速350公里的高速铁路信号领域，和利时已属于“领跑者成员之一”。

作为一家并不具备先天优势的企业，在全球竞争对手林立的大环境下，在铁路信号这一具有垄断性特点的产业中，和利时是如何披荆斩棘，从而拥有一席之地的？

技术的背后，都是管理。

和利时看似“原始”的管理方式、激励方式，又在诠释和印证着怎样的管理哲学？在众多竞争对手中异军突起、后发制人，其核心竞争力和商业护城河又是什么？他们，如何在产业相对聚集、行业相对垄断的领域也找到了开疆破土的门道？

管理的背后，都是人。

和利时领导层是如何凭借其长远的战略眼光、果敢和执着的目标感，推动和利时在交通自动化领域发展壮大的？数位大学老师出身的高管，是如何做到用自己独特的企业文化和价值观、独到的战略眼光和杀伐决断，通过温和而理性、稳健而骁勇的“政委式”领导风格，将永远比竞争对手“高出15分”的竞争策略和持续创新精神，在和利时发挥得淋漓尽致？

这是一个团队、一个企业、一片热土的故事……

第1章

初涉

厚积薄发

“闯进”轨道交通自动化领域

2000年的一个秋日，暖阳下的北方交通大学（现北京交通大学）正是一年中风景最美的时候，几位老师聚在一起，准备筹谋一件大事。

牵头的人是时年39岁的徐悦，现和利时集团董事长、联席总裁，与两条钢轨打了多年交道的他，准备拉上几位同事下海，做一家跟铁路电子控制相关的企业，名字都已经想好，叫“国铁浩通”。

徐悦不是一时兴起，他长年在北方交通大学从事自动化领域的教学研究，而这所高校的历史渊源可追溯到1896年，前身是清政府创办的北京铁路管理传习所，是中国近代铁路管理、电信教育的发祥地。1990年，徐悦就带领一个学术团队开始研究京九线的调度集中系统（CTC），1996年又开发了与铁路安全相关的计算机联锁设备。可以说，是名副其实的“老铁路”。

长期接触国际前沿的学术成果，徐悦敏锐地预感到列车控制系统领域也将在中国发力。

所谓列车运行控制系统，就是根据列车在铁路线路上运行的客观条件和实际情况，对列车运行速度及制动方式等状态进行监督、控制和调整的技术装备。

但当时，由于火车时速不到160公里，国内相关领域还没有“列车控制”的概念，只有信号的概念，根本没有人意识到中国需要发展“列控中心”——甚至这个名词，都是和利时的创始团队想出来的。

恰好此时，一位搞证券的朋友听说徐悦有创业的想法，听了他描绘的行业前景和潜力，便决定出资1000万元助力。

几位同事也都认准列车控制系统是中国轨道系统变革的大事，如果开发出相关产品，肯定有很多机会，于是与徐悦一拍即合，“国铁浩通”公司就此成立。这几位老师后期都成为和利时的骨干力量，其中包括前任和利时集团副总经理刘勤、现任和利时集团副总裁何春明等人。

下海后，创始团队很快发现，“国铁浩通”起步得有些早。“虽然说要做列控，但当时全国根本没有这个概念，更别说市场机会了。”

刚开始，大家一头扎进列控项目研究里，但随后发现1000万的风险投资，只做研发都不够，更别说走向市场了。梦想还未实现，如何生存却已成为难题。

徐悦决定先做一些和铁路相关的设备养活自己。经过商议，年轻的“国铁浩通”定下了战略：先用短平快切实解决用户问题的产品打开市场，再追求“做列控的梦想”。

几名核心成员，每个人都独立负责做一款能带来现金流的“小产品”，齐心协力养活公司。比如说，团队成员花了两个多月的时间，做了一款刹车监测仪。“以前火车开车前，总能听见车厢后面发出放风一样的声音，那实际上是在试验刹车。怎么解决记录的问题，一直是个痛点。”“国铁浩通”研发出的刹车检测仪接在火车风管上，可以自动记录刹车过程，用来监测司机有没有按要求去做刹车测试。这款产品一经面世反响极好，卖了很多年。这款刹车检测仪与巡检、防滑器等产品，一起支撑“国铁浩通”走过了最初的艰难时光。就这样，“国铁浩通”在成立的前两年，用“短平快”战略站稳了脚跟，他们生产的每一件产品，价格都不太高，推广难度也不大，因此资金回笼也比较快。如此“快进快出”，快速滚雪球，这无疑也提升了“国铁浩通”的营收。

当解决了“温饱”问题后，几位志向远大的创业者又将目光瞄向了远方，开始集中力量在列控产品上进行突破——这正是大家规划出的既定发展节奏。

要想成就辉煌的事业，必须有燃烧般的激情和热情，坚韧不拔，奋斗到底，不成功决不罢休。几位敢想敢干的创业者，一出手就干了一件惊天动地的事情——靠自己一个小公司的力量，做出了LKS–2000H型数字化多模列控系统——而这，就是高铁列控系统业务的初始模型。

这一过程，显然充满了艰辛。

首先，“国铁浩通”争取到了铁路系统的一个研究课题。但这仅仅是万里长征的第一步。接下来马上面临的就是，课题从哪开始“下笔”？对此，徐悦等人下了一番苦功夫。

彼时，国内还没有高铁，所以就没有列控的需求，相关资料一片空白，徐悦等人只能想方设法到处去查地铁信号的资料。

当年，最早开通地铁的广州和深圳，用的都是海外的信号系统，地铁资料也都是国外的资料。于是，创始团队大量研读多家国际知名信号企业的相关资料。同时，他们还查阅了欧洲列车控制系统（ETCS）的资料。不过，各国基于互联互通的信号业务也刚刚起步，还处于不太成体系的阶段。另一方面，中国也有自己的地理环境特点，尚不成熟的欧洲经验只能仅仅作为参考。

与此同时，虽然当时国内还没有列控系统，但郑州到武昌段的铁路，使用了源自法国的UM71轨道电路。已经正式运行的秦沈线（秦皇岛到沈阳）使用的UM2000就是带有数字编码的技术。于是，创始研发团队参考了秦沈线的一些做法，不是照搬，而是创造性地提出了“新型编译码技术在列控系统的应用研究”这个大课题。

理论基础有了，大家却不想止步于理论探索。但怎么将纸面上的理论变成实物？这又给团队出了一大难题。

“国铁浩通”当时的核心团队里，有学机械的，有学自动化的，甚至还有学坦克的，但就是没有一个人是学信号专业的。成员都不是科班出身，却想干一件专业人士都未曾想过的事，敢想敢干的文化在当时就已初露端倪——不过，或许正因为不局限于“科班”，才有了灵光一现的跨界思维。

其实，一帮“外行”决心要做内行还没做过的列控系统，也不是头脑发热。传统的铁路信号设备是铁路信号、联锁、闭塞等设备的总称。列控系统可以说就是将传统铁路信号设备集成到一起。在前期的积累中，“国铁浩通”的团队成员做过轨道电路，做过联锁等地面设备，只有机车信号和车载设备还没有接触过。

但同时，虽说有了些许基础，但要做列控系统这么庞大的一个系统，从人手到经验都似乎有些不足。

经营之圣稻盛和夫说过：人的能力绝不是一成不变的，始终要把跨栏的高度设置在比现有能力高两三成的高度。

“国铁浩通”的团队成员们接下来要做的，就是跨越这当时看似有些高的障碍。

当时正值非典期间，整个团队克服疫情影响，封闭加班，没日没夜地研究项目。“有段时间，整个课题组20多人，每天在公司吃完晚饭，接着加班到晚上九十点。”创始团队成员回忆说，当时多数人都住在北京交大，于是就在交大附近找了一个写字楼办公，目的就是为了随叫随到。

最刻骨铭心的一段经历，是一次“通宵调试”：“有一次，我们和铁道部相关领导约好，第二天过来看进度。但前一天进行调试时，发现系统还有些问题，于是不得不通宵修改。结果到后半夜，大家都有点迷糊了。当时有个电路板怎么调整也不对劲，就翻来覆去找问题，不小心手碰到焊点上，结果被电了一下，顿时不困了。原来，车上的设备电压是110伏，地面是24伏，加班到后半夜把这件事都给忘了。调整完毕后，大家一看外面怎么天都亮了，一看表，已经早上7点了！”

眼睛可以眺望高空，双脚却必须踏在地上。梦想、愿望再大，现实却是每天必须做好单纯、甚至枯燥的工作。

徐悦等当年的创业团队成员十分怀念那段激情澎湃的岁月，大家就像龙舟赛的划手一样，齐心协力、上下同欲。“非常投入，非常有激情，干劲也都特别足，没有什么杂念，不会去想如果这个项目没做成怎么办，而都是勇往直前，全力以赴。”

这也正是和利时为用户创造价值的真实写照。他们就是要想用户之所想，急客户之所急；为用户提供专业、高效的服务，博用户之感动。

就在这样日复一日地努力下，“国铁浩通”的创始团队凭着一腔热情，加班加点，只用了一年多的时间，就将样机做了出来。这款样机不仅包含地面列控中心、数字编码轨道电路、车载ATP三大设备，同时还将这三大设备串联起来，并且实现在实验室环境下完全设备的正常运行。样机距离最终安装到高铁上控制列车，只差产品化的最后一环。

“新型编译码技术在列控系统的应用研究”，从名字上来看，这只是一个理论研究性质的课题，结果“国铁浩通”的创始团队却做出了一套庞大并可直接应用的系统。当时业内从大牌专家，到高校，再到研究院所，从没有人敢去想、敢去做这样一套系统。但他们不仅想了，还去做了，并且做出来了！

可以说，“国铁浩通”当时研发出的“数字化多模列控系统”，为中国列控系统模型搭建的探索了一段路，开创了很多先河。比如，这套系统提出把地面控制设备称为“列控中心”，后来业界沿用了这个命名。

就在研发“数字化多模列控系统”的同时，2002年，和利时集团成功收购了以开发轨道电路、列控中心为主业的“国铁浩通”，大大增强了和利时在轨道交通信号领域的实力，也奠定了和利时通过列控产品进入干线铁路领域的基础。

“一开始做这件事，并没有什么曙光，因为国内市场是一片空白，但最后得到了各方的肯定。虽然这套系统并没有直接产生经济价值，但它是和利时研发实力的证明，因为从原理到技术到产品，完全由和利时构思并制作。”团队成员回忆道：“紧接着，2003年，铁道部宣布中国将建设CTCS技术标准体系，以分级方式建立中国的列车控制系统。不能确定，我们做的这套系统有没有加速这一进程，但可以确定的是，和利时在这方面是先行一步的。”

2005年1月，在课题验收组进行课题审查时，业内专家、学者、铁道部领导齐聚和利时，他们看到这套系统后，都给予了极高的评价。当时铁路相关专家、领导看到样机后非常惊讶，甚至说："百闻不如一见！"

可以说，"数字化多模列控系统"是和利时信号业务的缘起之处，这套系统后来在和利时集团展厅展示了很多年，成为和利时最初的名片。

和利时就是要做最有价值的技术，去满足客户需求，甚至超越客户需求，引领和推动行业技术发展，做技术的领跑者。

正因为圆满完成了一项超前课题，和利时在铁路系统名声大噪，一家"路外企业"自此闯进了轨道交通自动化领域。

当然，这只是"小荷才露尖尖角"，让和利时"海阔凭鱼跃，天高任鸟飞"的，还在后面。

从"不了解"到"高看一眼"

2003年，铁道部向全球知名铁路公司们抛出了一根橄榄枝：中国要做高速铁路了，愿意参与的公司，可来沟通交流。在近一年的时间里，德国西门子、法国阿尔斯通、加拿大庞巴迪等行业大咖陆续抵京，进行技术交流和展示。

2004年1月，中国发布了《中长期铁路网规划》，描绘了中国"四纵四横"客运专线网络的设想。空前规模的铁路建设大潮澎湃而起，中国铁路实现"陆地飞行"的历史时刻已经到来！

人们发现，中国展现出的是世界上从来没有过的庞大高铁市场，这个市场大到没有任何一家高铁企业可以忽略。阿尔斯通曾经因为十几列动车组就与西门子对簿公堂，中国的市场对他们而言已经是天量。谁都不敢轻易放弃这次机会，谁都不敢掉以轻心。

与此同时，铁道部在国内组织了一批专家、学者和企业技术人员观摩这场“肌肉秀”，并共同讨论未来中国高铁的技术方案。和利时作为“行业萌新”，也参与其中。

彼时，中国铁路信号界的各方人士，在国内看完海外公司的技术展示后，又在铁道部的带领下，去海外实地考察。观摩学习、消化吸收，里里外外的忙活了近一年。

人们不禁要问，为何如此大费周章？事实上，这就是借力。

好风凭借力，借助于车马的人，不一定自己跑得快，却能远行千里；借助于舟船的人，不一定自己善水性，却能渡江河，只是因为善于借力。善于借力，能够节省时间和精力，专注目标，从而不断积聚自己的底气和实力，获得更大更快的成功。

通过与技术最先进的公司合作，对适合国情的技术引进、消化、吸收，是中国高铁迅速实现突破的最切实可行之路——这也是改革开放以来，中国各个行业，实现“零的突破”最常用的策略。

但高铁控制系统想要实现核心技术质的突破，还要保证技术主动权掌握在中国自己手中。该从哪儿开始下手？

答案就在：制定中国铁路列控系统标准。

如今回顾中国高铁的成功，我们认为把握标准规范是其中浓墨重彩的一笔。正因为中国是先做规范，后做系统，所以当时掌握着核心技术的国外公司参与，并没有打乱中国列控的发展步伐，反而加速推进了中国列控系统的发展。

这个对中国高铁控制系统无比重要的标准制定过程和利时有幸

成为了参与者。

参与编写了中国铁路列控系统标准规范（简称列控标准），包括技术规范的总则和CTCS二级（简称C2）的技术条件。现行的列控标准，就是以此为框架发展而来。

该总则规定了中国高铁信号分为0–4级，并且规定了每级的特点和使用场景。在每一级的详细规范里，则规定了这一级的组成设备、传输方式、数据来源等细节。当时中国并没有时速200公里以上的列车，编写团队却卓有远见地将未来列控可能涉及到的方方面面，都做了极为清晰的规划。

列控标准的制定是中国列控系统的起点，也是中国高铁成功开通和运行的重要基石。作为一个马上就要实际应用的行业标准，不仅需要有理论基础，更急需的是实践经验。

和利时创始团队派出的两位专家参与编写中国的列控标准，并承担了最重要的任务——主导技术标准的编写。

因为当时铁道部正在酝酿中国铁路第6次大提速，所以铁道部决定先把C2技术条件详细定义出来，这就是现在所说的时速200/250公里的技术条件。时间紧，任务重，压力可想而知。李智回忆说："我是技术人员，关心的全是技术。前期在和外国企业交流的时候，还没感受到压力。但是从（2003年）9月份开始，真正开始冲刺，压力就来了。"

平庸和杰出之所以泾渭分明，是因为平庸者的努力是不成系统的、走走停停的，杰出者的努力则是全身心投入、持续学习的。当努力成为下意识时，成功就是无意识的。当然，成功离不开团队成员敬业、合作的精神，只有协作共赢、相互帮助、共同努力，才能达成目标。

编写组成员不仅要博采众长，还要在非常短的时间内写出最适宜中国国情的列控标准，每位成员都在不遗余力地奋战着。

C2标准是为第6次提速具体落实而编写的，但在实操中可能遇到的问题，业界还比较模糊。而和利时在LKS–2000H型数字化多模列控系统的课题研究中，已经做了大量有效探索。在什么情况下，用什么设备，收集哪些数据，他们已了然于胸。

经过大家的共同努力，编写组只用了不到3周的时间，就编写出了总则和C2两个规范。并且，这些标准最终作为铁道部的技术条件发布，形成了中国的国家列控标准。

在此期间，和利时凭借持续积累的实力，赢得了所有人的认可。铁路信号圈里的人，对和利时的态度也从“不了解”转为“认可”——和利时在业内争得了自己的一席之地，有了话语权。

就在列控标准紧锣密鼓的编写过程中，铁道部开始引进动车组，为第6次大提速做准备。2004年初，铁道部正式提出了建设中国高铁的宏伟蓝图。和利时一直看好的列控系统，终于有了用武之地。

和利时高歌猛进的时代，即将展开。

从“定标参与者”到“解决方案及设备供应商”

中国铁路列控系统标准规范（简称列控标准）出炉之后，招标技术条件的撰写紧随其后展开。

事实上，当时徐悦带领“国铁浩通”创业的缘起，就是认准了列控的前景。而在更早之前，和利时就发现了铁路业务的商机。

和利时集团创始人王常力敏锐地察觉到：中国铁路不仅需要提速，还需要增加铁路信息含量。因此，和利时铁路业务的研究和技术积累从未放松，他们陆续投入财力、人力开发计算机联锁，积极准备，等待发展机遇。正如王常力所说：“我们播下了一粒种子，要在未来发芽、开花、结果。”

《孙膑兵法·月战》说道：“天时、地利、人和，三者不得，虽胜有殃。”这里说的是天时、地利、人和的重要性，无论做任何事，如果能占尽这三因素，那么事情的成功胜算就比较大了。而和利时集团的名字，正是王常力取自“天时、地利、人和”，他觉得，在铁路信号领域，“天时、地利、人和”皆具备，大有可为。

不谋万世者不足谋一时，不谋全局者不足谋一域。作为一个合格的战略统帅，预见力是非常重要的能力。所谓“小老板做事，中老板做市，大老板做势。”战略统帅的远见显然决定了一家企业能走多远。

不过，正因为借势的低成本和易操作，使借势的队伍中，竞争激烈，利润空间不大。而识势者，凭借着领先优势，最大限度的利用“气候”，早已占据最有利位置，形成了先发优势。此后，和利时从寂寂无名，到成为一定的市场份额拥有者，正是因为懂得识势。

当时，和利时密切关注着政策形势，厚积薄发，相时而动。

2003年，国家开始上马一系列的重大工程，其中就包含发展高速铁路。2003年3月铁道部提出，力争在5年内使全国铁路的“提速里程达到20000公里，覆盖全国主要地区”，“京沪、京广、京哈、京九、陇海、浙赣‘四纵两横’等干线提速客车最高时速的目标是200公里，达到发达国家铁路既有线客车提速水平”；货车运行时速也要“由不足80公里提高到120公里，与客车提速相匹配”。

在此背景之下，铁道部组织编写技术规范并定下了中国高速铁路列控系统的大体思路。此时，和利时不仅是制定列控标准的参与者，也是列控系统解决方案和设备供应商。先行一步的和利时，开始了自己在列控领域的长跑。

竞标：不眠的和利时

会议室内，和利时谈判团队静坐桌前，等待着谈判对象。突然，一群人推门进来，一个国外团队成员手里举着一张纸，上面写着“no source code（没有源程序）”。此人是当时正在与和利时谈判的欧洲企业谈判代表。

双方因何而谈，为何会出现这一幕，这还需要从2004年的一次招标说起。

2004年4月18日，中国铁路实施了第五次大面积提速，几大干线部分地段的线路达到时速200公里的要求，提速总里程16500多公里。之后，国家高层不断表达了自主创新的想法，在中国高铁建设的顶层设计原则之下，2004年6月17日，铁道部委托中技国际招标公司为铁路第六次大提速进行时速200公里动车组招标，并在《人民铁道》以及中国采购与招标网同时发布了名为《时速200公里铁路动车组项目投标邀请书》的公告。

公告明确投标企业必须是“在中华人民共和国境内合法注册

的，具备铁路动车组制造能力，并获得拥有成熟的时速200公里铁路动车组设计和制造技术的国外合作方技术支持的中国制造企业（含中外合资企业）”。

这段话比较“绕”，通俗解释一下，就是两个意思：

第一，投标企业必须是中国企业，这一条件打破了海外企业直接参与投标的算盘；第二，中国的企业也不能随便投标，必须有拥有成熟技术的国外企业的支持，因为铁道部的真正目标是引进国外先进技术并掌握这个技术。

当时世界上掌握成熟高铁技术的数家企业：德国的西门子、法国的阿尔斯通、法国的CSEE、阿尔卡特、日本联合团队和加拿大的庞巴迪，都跃跃欲试想要拿下中国这个大市场，但招标的名额只有三个，也就是说这几家企业中必然会有一家出局。于是，在中国这个世界最大的“高铁棋盘”上，一场需要深谋远虑、大智大勇的大国博弈开始了。

准备参与中国高铁项目的国内外公司，开启了“相亲”之旅——海外巨头与铁路圈的中国企业，排列组合般地开始一轮又一轮谈判。刚开始，各家都在试探，就像谈朋友似的互相了解对方，都想找一个自己认为最好的合作伙伴。

2004年9月30日，铁道部发出高铁列控系统招标公告。之后，和利时马不停蹄地先后与西门子、阿尔斯通、CSEE、庞巴迪、日立（日本联合团队）洽谈合作。

但遗憾的是每家都没有确定的结果，全都卡在核心技术的转让。当时的欧洲企业态度傲慢，对核心技术闭口不谈，谈判一次次陷入困境。所以，才会出现本章节刚开始所描绘的那一幕。

“不做技术让步，合作就走不下去。”“我们当时已经谈了好几天，很多方面都谈不下去。老外所说的‘没有源程序’，意思就是核心技术转让这个话题没得谈。外方的态度就是：钱可以慢慢谈，但是技术无论如何都不转让。他们只会把产品卖给中国，但所有核心技术都是外方要持有，包括生产组装、现场调试、后续维护等工作都只能让外方来做。”

但要有一定的技术转让，又是参与投标的必要条件。“我们要考虑公司的利益，也要考虑技术换市场这一策略。外方供应商希望只把产品卖给我们，什么技术都不愿意转让。所以，外方的原则是可以卖产品，但不转让技术。中方企业的原则是不给技术，就不买你的产品。”

谈判陷入僵局，和利时与外资企业的博弈异常激烈，持续了很长时间。

“我们用了大量时间跟外方谈判，尽量在投标之前把技术详细清单都拿到手，写进投标文件的技术转让列表之中。”团队成员回忆说。当时铁道部要求，投标前国外厂商必须与中国国内列控系统供应企业签订完善的技术转让合同，如果没有做到这一点就取消投标资格。所以，和利时团队依然迎难而上，一点一点地往前推进。

直到最后的“招标时限”，和利时才和日立谈出了实质性的突破，双方最终确定了合作关系。

谈起与日立最终确定合作的那场谈判，和利时的谈判团队的所有成员都至今仍然记忆犹新：“当时，在投标的前一天，我们才跟日立最终定下合作，真的有些‘惊心动魄’。直到最后一刻，日立发现再谈不下去，就要出局了，才松口答应进行部分技术转让。”

几乎在和利时与日立谈成合作的同时，X1公司与德国某公司也达成合作、X2公司与法国某公司也达成了合作意向。

其实，和利时最初“心仪”的对象并非日立，和利时也不是日立的首选目标。

因为日本的高铁制式与欧洲制式完全不一样，但中国的制式很大程度上借鉴了欧洲的制式。所以，最初欧洲企业一度是和利时的主攻对象。但欧洲企业的傲慢态度，令和利时不得不转变思路，将主要精力转移到与日立的合作谈判中。日立的情况同样如此，在与其他公司谈判屡遭碰壁之后，日立才下定决心与和利时合作。

在外界看来，和利时与日立的组合劣势明显，当时没人看好日立与和利时的组合。因为，从国内来看，和利时是“新人”；从国际来看，日立没有技术渊源。于是，“和利时这次可能够呛”的声音开始传出。

面对有明显优势的竞争对手，和利时觉得：“只要参与就行，哪怕给我们最小的一个订单也行。”抱着这样的良好心态，和利时并未过多纠结合作对象，而是将重点放在了标书的高质量准备上。

同时，和利时团队也没有时间去纠结，留给他们确定标书的时间，只有一个晚上——这似乎是不可能完成的任务。

因为根本来不及谈细节，所以和利时与日立方面约定先确定大原则，先将标书资料做完，再进一步推敲细节。事实上，和利时的标书在谈判过程中已经开始准备了，但因为合作伙伴不确定，很多工作都要不停摸索和推翻重来。标书资料不仅要考虑到和利时自己的实际情况，还要根据合作伙伴的技术方案统筹考虑。因为和利时此前与多家外资企业进行过谈判，所以标书内容相应地反复修改了数次。

一份标书的最重要组成部分自然是报价，而与外资企业合作竞标，报价的构成就更加复杂。和利时团队要先摸清外方的价格策略和门道，才能报出国产化后的价格，这个过程繁琐又复杂，还涉及到与外方无数次的沟通。但当时和利时的谈判团队只有三四个人，每个人都身兼数职，点灯熬油地确认各种数据。“越往后时间越紧张。最后，基本上我们也不回家了，一帮人就在酒店里封闭写标书。”团队成员回忆说。

但报价表里的内容太多了，即使大家熬夜核对数据，还是存在一些小错误。当时，团队成员已经连着熬了好几个通宵，眼睛都已通红。

相比报价的惊心动魄，标书涉及到的技术部分才最让人“头疼”的慢工细活。和利时每写完一部分，都需要跟外方复盘、讨论、确认。因为与外方的关系是既有合作，又有利益冲突。毕竟双方立场不一样，有很多涉及利益的细节需要谈判，互相争取利益的拉锯战在所难免。

投标日的前一晚，和利时要把所有技术方案都重新做评审。大家分秒必争，时间紧张到什么程度？“标书的逐页签字，我们都是在出租车上完成的。”多年过去，团队成员仍旧清晰地记得：“到了投标当天的凌晨3点多，我们才把内容全部做完。当年的办公条件、人手都远不及如今，完成之后我们马上就出发去24小时营业的文印店去打印装订投标文件。”

投标团队全员一起去文印店进行打印、装订、整理标书。一切准备妥当之后，天已大亮。他们顾不得休息，迎着朝阳将标书送往投标地。这片朝阳，不仅照亮了大地，也照亮了和利时的竞标之路。

有一篇文章《不眠的硅谷》流传甚广，它讲述了硅谷年轻人艰苦奋斗的情形。无数硅谷人与时间赛跑，度过了许多不眠之夜，方才成就了硅谷的今天。文章中写道："睡得太久，就会有人抢先得到专利、升职、项目资金或市场份额。"正是这条座右铭驱使着睡眼蒙眬的硅谷人彻夜工作。

从华为的"床垫文化"到"不眠的硅谷"，每一个伟大企业的背后都有一段"上甘岭"。但重要的是，熬夜只是手段而非形式，一切一切的根本，都是为了赢。对赢的渴望，决定了一个企业的活力，也正是团队成员爱岗敬业、勇于担当和职业化的精神，使得和利时有了列控车载系统项目的首次中标。

坚守与坚持：和利时来之不易的首次中标

经历了艰苦卓绝谈判的和利时，最终中标列控车载系统，以黑马之姿成为最大赢家。

这是和利时做列控系统以来，签下的第一个上亿的大合同。之前的科研课题只能证明和利时有研发能力，真正说明了和利时在列控方面的综合实力是这次国际招标上的中标。谈及这次中标，徐悦至今仍难掩激动："这是和利时成为铁路信号系统主力供应商，迈出的第一步。"

原本各方面看起来都不占优势的和利时，结果却出人意料地拿到最多订单。这个结果对和利时来说，更像是意外之喜。"这是我们没有想到的。"和利时团队如此总结这次得来不易的中标："和利时能胜出的原因在于，我们和日立联合提交的标书，在报价、技术转让等方面都具备一定的优势。”

而这一切都始于前期谈判中的坚守与坚持。

在和利时最初与外方接触的时候，外方企业难免有傲慢和强硬的姿态，一度让谈判陷入绝境，毫无进展。但当工作无法继续时，并不意味着懈怠。稻盛和夫说过：成就事业的关键，比才能和能力更为重要的是激情和执着。要如同甲鱼一般，一旦咬住就决不松口。当你认为不行了的时候，正是工作的真正开始。和利时团队成员的潜意识中，一直有着愈挫愈勇、不达目的不罢休的那股劲儿。显然，“坚持到底”是成功的不二法门，越是忍不住要放弃时，越要坚持下去，直至取得成功。即便一无所有，也要继续努力。做企业，这种志气和胆魄不可或缺。

于是，和利时团队坚守业主定下的“必须有全面技术转让”这一原则，凭借着死磕到底的精神，一个细节、一个细节的和日立沟通并达成共识。回忆起当时的坚持，和利时团队感慨：“当时如果退却了，或许中国高铁的发展就会是另一番景象了。”

任何事的价值，往往除了它本身，还在于它的影响。和利时当初的坚持，为中国高速铁路的发展开了一个好头。而和利时作为参与国家高铁战略的一员，开始真正进入了铁路信号的核心圈。

显然，当时中标动车组列控系统车载项目对和利时的意义，远远不止于拿到的订单金额大，更是和利时打开市场的开始，同样是中国铁路信号市场变革的起源。

在和利时进入铁路信号领域之前，铁路信号圈相对封闭。用户个性化需求难以被满足的现象时有发生，甚至在客观上制约了技术的发展进步。和利时的出现，不能说打破了这种局面，但在一定程度上确实为建立良性竞争的态势的形成，以及使得用户有更多的选择、促进技术的进步起到了正向推进作用。

从行业发展来看，也需要有和利时这样一条鲶鱼，来激活市场中的同行企业。用竞争的方式，让市场走向良性发展。

最艰巨的工作，恰恰最能锻炼和验证一个组织的实力。经历了动车组列控系统车载项目的投标历练的和利时，以更加饱满的状态走进了新征程。

认真的日立，敬业的和利时

拿下首个动车组列控系统车载设备大订单的和利时，还来不及好好庆祝这个来之不易的成果，就马上投入到了新一轮的谈判中。对和利时来说，中标仅仅是万里长征的第一步。中标之后，他们又经历了无数次谈判，才走到真正签订合同这一步。

虽然投标文件是根据招标文件的要求写出来了，但真正要落实到合同上的技术转让具体条款，和利时需要跟甲方继续开会将之细化。而且，这一过程中和利时还要和外方不断进行技术、商务谈判。而此时的谈判，从和利时与日立双方的博弈，变为买方、和利时、日立三方的沟通。

难度加码，时间却不等人。因为当时动车组的招标与签约已经结束，动车组配套的信号系统还没有签约，但要在动车组生产过程中就要安装在动车上，所以信号合同要在2005年春节之前必须签好。而竞标结果公布的时候，已经是2004年的12月，留给和利时的时间只有不到4个月了。

那段时间，和利时团队每天白天与买方工作人员沟通，谈到晚上七八点，买方团队把“作业”留出来，第二天再检查。晚上八九点回去后，和利时团队再跟日立通宵分析白天的问题，找出答案。第二天和利时团队给甲方回复，之后继续进行下一个技术点的谈判。和利时团队不仅想把这个项目顺利完成，还希望将之打造为精品，所以他们每天都打起十二分精神，白天了解买方代表团的需求，晚上和日立一起写“作业”，准备资料，如此周而复始。“每天晚上双方都要商量是否能接受、接受多少、怎么让步、让多少。”谈判团队说，“那也是一个艰难的过程，基本上每天晚上都要干到凌晨两三点。”

当时的沟通都在买方处进行，两个竞争团队被安排在隔壁会议室，两家谈的内容彼此都不清楚，但是紧张的情绪会彼此影响。“隔壁突然有鼓掌声，我们就知道那边有进展了，我们这边的压力就会很大。”即使已经过去十几年，这些场景依然在团队成员的脑海中历历在目。

显而易见的是，和利时与日立也有利益不一致的时候，有时晚上关起门来两方还会为某件事据理力争。买方提出的需求，其实是给和利时铺了一条路国产化的大概路径，但路走起来显然不是那么容易，和利时还需要继续和日立“死磕”具体如何国产化。

日立的一位老专家秋山，每次出差都拎着半米高的大箱子，里面放的全是文件。他把之前开会涉及到的所有文件、资料全打印出来，装订成册，再一册一册装进箱子，排列整齐。双方沟通的时候，说到之前讨论过的技术点，秋山先生就从箱子里找到相关文件，往桌上一放，然后哗啦哗啦的翻到之前的记录。当时双方说过什么，有哪些约定，秋山就代表日立一条一条地跟和利时团队核对。

就这样，双方一直谈到了2005年的农历新年前。

“双方在2005年春节前夕的腊月二十九最终完成签约，这一合同的签订标志着和利时进入了200公里及其以上列控市场，实现了和利时在高速铁路领域零的突破。”徐悦回忆说。

当时的招标共分为7个包，每个包20列动车组。根据招标书的规定，按照1∶2∶17的比例配置。这是什么意思呢？就是每个包里包括1列原装进口的原型车；2列散件进口，在国内完成组装；剩余17列为国产化列车，国产化水平按步骤逐渐提高，到最后一列时国产化率要达到招标要求。

通俗地说，第一列车是外方干我们看，第二、第三列车是我们干外方看（随时指导），剩下的车就是我们自己干，有不明白的地方再向外方咨询。

铁路圈业内人士把这个过程分成了三个阶段：第一个阶段叫“僵化”，就是严格遵循外方提供的图纸；第二个阶段叫“固化”，就是把学到的一些东西在流程上原汁原味的“固化”下来，做到不走样，制造水准向外方看齐；第三阶段叫“优化”，对工作完全掌握并熟悉后，根据实际情况提出一些优化的建议。

但说起来容易，做起来难。真正进入到合同执行阶段，和利时团队从2005年春节后上班开始，直到第二年现场试验，大家一直保持着“撸起袖子加油干”的状态，基本没有休息过。

这期间，是和利时真正跟日立进行深度交流、学习，掌握核心技术的过程。虽然在谈判最初也有分工，规定了日立需要做什么，和利时需要做什么，执行过程中日立有哪些技术要转让给和利时。但日立万万没有想到，和利时参与项目的所有人员竟然这么认真，让日立负责技术转让的所有“老师”们感到惊讶，因为和利时的“学生”们的眼睛放光，冒出强烈的求知欲，让“老师”们不得不决心好好教会认真的学生，这是当年作为日语翻译现任和利时公司副总裁李明实的回忆。

正是凭着这股认真劲儿，和利时将日立的技术和做事严谨的工作方法以及做事套路学到手。而认真之外，和利时团队从未忘记自己肩上还有一份责任——将合同执行好，为中国高铁发展添砖加瓦。责任就是对自己要求去做的事情有一种爱。而爱的前提是“热情”。正如托尔斯泰所言：一个人若是没有热情，他将一事无成，而热情的基点正是责任心。这也是和利时人对预期目标不打折扣、上下对齐、快速及时响应的承诺兑现。

实际上第一批招标的时候，还有60列车的列控系统车载设备没有招标。因为和利时的合同执行得非常漂亮（按时保质保量），在2007年4月18日首批上线的设备里，几乎全部使用了和利时供货的CTCS2–200H型列控系统车载ATP设备。也就是说，铁道部将大提速的“宝”都压在了和利时身上。而和利时也不负众望顺利完成了该任务，成功为中国动车组的安全运行保驾护航。所以启动后续60列车的列控车载设备招标时，和利时占据了绝对优势。

为什么和利时能够不负使命，顺利完成重任？

答案只有两个字：认真——和利时团队与日立团队都特别认真。

当时的和利时，还处于“学艺”阶段，在和日立合作的过程中，学到了包括日立严谨的精益管理在内的多个管理方法和套路。其实，实现技术国产化，除了拿到外方的设计资料、技术资料之外，还有一个很重要的方面就是要建立起自主可控的生产和工程实施及后续研发及维护能力。和利时要能独立生产硬件并具有软件修改维护及现场实施能力，达到日立认可，并愿意对和利时的出厂质量合格证书负有连带责任实属不易，和利时团队确实做到了。

作为白手起家的民营企业，和利时只能靠自己，所以他们特别珍惜这个学习机会。在跟日立合作过程中，其制造水平显著提高，在生产质量的控制方面，进步非常大。

另一方面，日立也在非常认真地执行了技术转让过程与合作。日本人做事一板一眼的风格，在与和利时的合作中体现得淋漓尽致。他们认为既然签了合同，就必须要与和利时共同完成好，并且和利时最终的产品就代表着他们的水平，共同完成的产品就是双方的“孩子”。当年全程参与日语翻译及项目管理过程的李明实回忆这些往事，把承接的项目和制造出来的产品视同自己的孩子，这是日立公司交给和利时交通业务的宝贵资产。通过日立对和利时的产品质量的严格把关，和利时交通业务从原理、硬件设计、软件设计，到生产工艺和质量管控等方面，都有了极大的提升。

显然，世界上就怕认真二字，当你以百分百认真的姿态投入做事的时候，就没有什么困难能挡住你前进的脚步。

以我为主，博采众长，融合提炼，自成一家

“李剑是和利时最‘坏’的人。”这句出自日立技术人员口中的玩

笑话，概括了日立技术人员当时跟现任北和公司副总裁时任车载列控部副经理李剑的交流状态。

执行铁道部合同阶段，和利时作为技术受让方，组成了一个技术团队去日本接受日立的技术培训。当时，李智、李剑、石海丰、李明实等核心骨干一同赴日接受了技术转让。

虽说是学习，但中国的铁路信号有自身特点，所以和利时一方面要充分汲取经验，一方面还需要与日立交流需求，共同研讨并开发相关产品。是交流讨论，就有争论，甚至有时会剑拔弩张。

虽然双方是合作关系，但大家都要维护自己公司的利益。当某些产品功能，和利时认为应该由日立原产品实现的时候，争论就在所难免。因为这些功能等和利时回到国内再继续攻关，需要巨大的投入。但由日立基于成熟技术指导实现这些功能，就可以节省很多成本和时间。

“和利时不是不讲道理，也不是为人所难，只是需要得到的技术，绝对寸步不让。”李剑作为技术质量监督人，常常据理力争，甚至他的一些问题也难倒了日立的技术人员。时间长了，日立的技术人员看到李剑，就开玩笑道：“李剑是和利时最‘坏’的人，这个人不好对付。”对于这个评价，李剑笑言：“在争论的时候，言辞上就容易出现苛刻的表述，利益相关就会寸步不让。”

但能互开玩笑，足以说明大家相处得非常不错。其实，和利时最初到日本的时候，有部分日立员工并不太信任他们，也说过冷言冷语。随着合作的深入，和利时的各项能力也在不断提升，凭借出色的实力和能力，不断刷新了日立对和利时团队的认知。

在日本培训期间，和利时提升的不仅是能力，还有团队的凝聚力。在国内的时候，团队成员每天各忙各的，交流机会不多。但在日本，整个团队每天吃住在一起，团队成员之间的感情突飞猛进。整个赴日团队的工作强度也极大，现任公司副总裁、总工程师、研发和产品体系负责人汪小亮回忆说，“我们基本上每天都是晚上2点才睡觉，早上6点多就起来了，每天都是这样的强度。”

在与日立合作的过程中，和利时团队受日立影响最深的就是：严谨认真的做事态度。

日立公司极低的故障率源于日立看似过于“刻板”的规定、纪律和习惯。在日立的管理体系下，任何细微的改动，都需要相关人员开会讨论和评审方可得出结论。有人会说，这样太慢、太笨、太不灵活，但正是这些慢功夫、笨功夫成就了日本制造在世界上的声望。“一切都有规矩，一切都按规矩办”的严谨的工作作风，让日立的产品在可靠性上，在世界范围内无出其右。

“不少人做事，一开始就能迅速做到90%，甚至到95%，但剩下的那一点，永远做不到。日立的特点就是，前面做事情的时候，工作多做一点，甚至看着有些做的是多余的工作，但是慢慢会发现后边就轻松了。他们没有那么快，慢慢磨，但是可以每天进步一点点。一开始，这也不行，那也不好，今天不行，明天不行。但一个月以后，你发现他做的跟你一样多了。再过一个月，你发现跟不上他了。”团队成员形象地描绘出当时的感受。

的确，在前面把基础打牢，把事做好，越到后面越轻松。而着急忙慌做出结果，然后再花很多时间修修补补，实际上修补浪费的精力更大。所谓“磨刀不误砍柴工”，可具体到工作中，很多人往往忽视了磨刀的好处，或者无法忍受磨刀的寂寞和辛苦，情愿拿着一把钝刀急急忙忙去砍柴，到头来疲惫不堪还没多大收获。殊不知，慢就是快。

在合作过程中，日立公司对承诺的重视，同样深深触动了和利时团队。“要么我不同意，但是只要我答应了，你不用催我，我一定会做到。”日立守信的特质，让团队成员极为佩服。当时汪小亮作为刚加入和利时的新生力量，是赴日技术团队中最年轻的一员。“我们要达成一个共识非常困难，要想各种办法谈很多次。但是他们一旦答应了，就是咬碎牙也会做到。只要他们说明天做到，就一定要做到，做不到，他们会来鞠躬道歉。”

这种重视承诺的契约精神，对和利时团队影响很深。和利时能打敢拼的队伍，多年来也在朝着这个方向努力。孔子云：言必信，行必果。诚信，和为了诚信的全力以赴，永远是值得尊敬的。说到就要做到，追求产出，用结果说话，这就是和利时人的团队和执行文化。

日立有一个很不一样的文化：不隐瞒缺陷。他们的技术人员有这样一个风格，所有问题都不隐瞒，哪怕是自己出了问题，也会跟你讲清楚，出了什么样的错误。道完歉之后，他们会告诉你怎么修改。改完之后，还会再跟你说，上回的错误已经修改完毕。

但在中国的部分企业中，同样的情况，应对方法却大不相同。一些中国企业的常规做法是，小问题最好别让用户知道，偷偷给改掉就行了。“经过这么多年，我觉得还是日立的方法最省心。”李智对此评价说，一开始把问题公布出来会遭到指责、批评，但问题解决完就踏实了。因为没有任何隐瞒，有问题直说，即便甲方批评了，但问题根治了。以后也不需要考虑做其他遮挡、掩盖的事了，反之则会恶性循环。

而不隐藏问题，在铁路信号领域其实非常重要。因为信号和民用品不太一样，信号关乎着旅客的生命安全，担负的责任太大，出问题的后果太严重，所以不能有任何隐患。而在最初就讲明问题，其实更容易把问题解决好。“大家可能会帮你看到你自己看不到的东西，有时靠大家的智慧就能把问题解决了。最怕的就是有你自己没有意识到的风险被埋在产品里。至少在我们的认知范围之内，不能把自己觉得还不行的东西交出去。”

日立展现了另一种考虑问题的思路和思维，日立很多的做事习惯、思维方式，和利时都沿用至今。以至于和利时交通业务团队的所有中高管，在接受笔者采访时，都阐述了日立企业文化对于他们的影响，而他们也做到了“以我为主，博采众长，融合提炼，自成一家”，充分汲取了日立的优秀做法。

在和利时的档案库里，保存着很多图画。这些图画都是当年日立员工画的列控编程图。

日立列控系统的编程方式与众不同，用的是形式化方法——就是所有设计路径不以机器语言标识，全部用图画的形式呈现。

但这是一件非常繁琐又耗费心力的工作，对人的严谨程度要求极高。日立团队的编程图，全是画出来的。比一本《辞海》还厚的编程文件，全是一格一格手画出来的，而据说为此当事者一个月加班超过200小时。

这种做法的好处是设计过程非常清晰，设计时的思考路径、考虑角度都清晰可追踪。和利时在做列控编程的时候，也借鉴了这种方法。

其实，和利时轨道交通业务团队，无论从设计、生产，还是制造、交付，都深受日立的影响。团队成员总结日立最独到的地方就是：“他们把一些我们原来看不上眼的小事情，一步一步做到位，最终获得了一个好结果。”

文化相通的部分，很容易获得共鸣，也能彼此理解。但文化中不同的部分，就需要甄别优劣，取其精华。但瑕不掩瑜，日立对和利时的示范和启发，令和利时的售后服务水平突飞猛进。此后，不仅国内客户对和利时交通业务赞许有加，在海外的一些项目，客户们也都说：“你们真的不一样。”

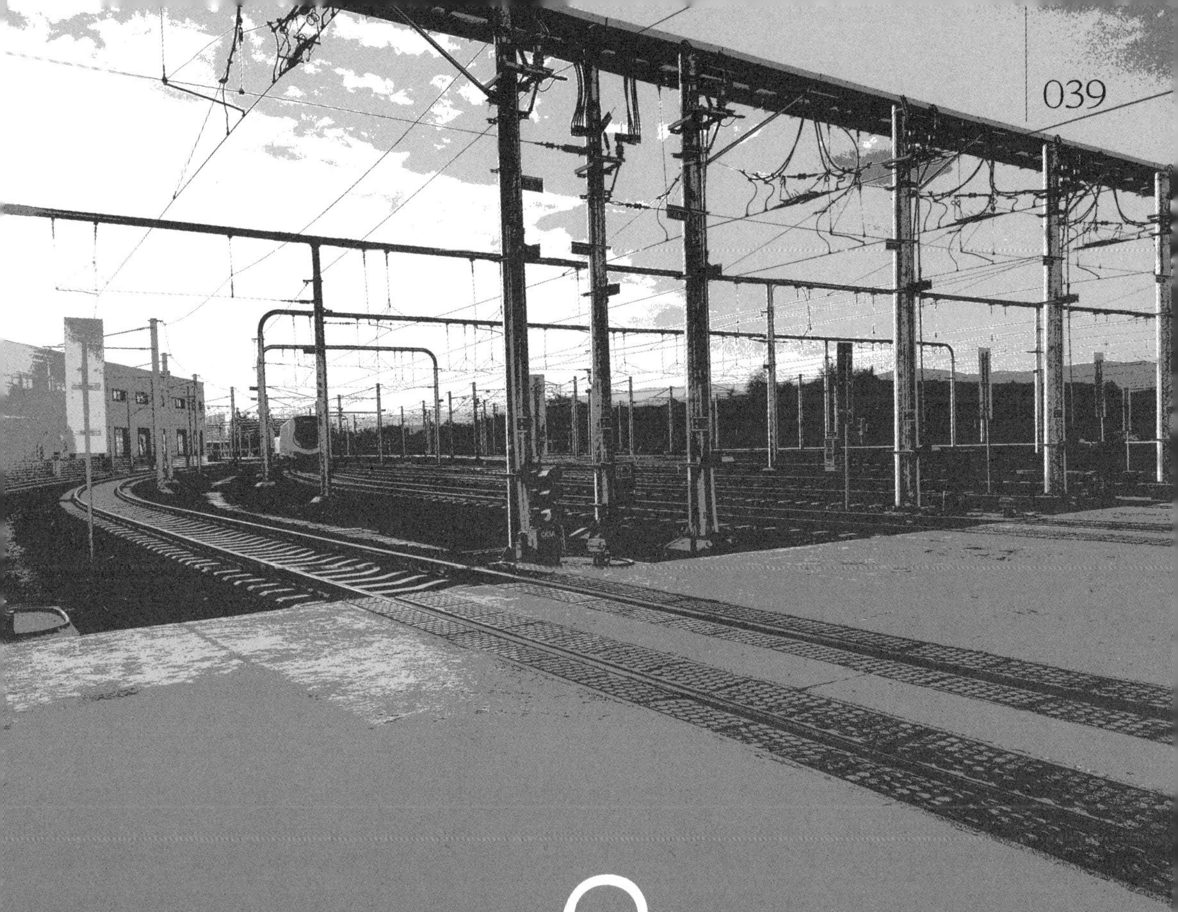

第2章

发力
攻城略地

平地起高楼

2007年4月12日，铁道部举行了第六次大提速新闻发布会，对外宣布，第六次大面积提速调整正式完成，今后旅客可以享受到时速200公里的高速运行服务了。4月18日零点，第六次大提速正式实施，“和谐号”动车组从此开始在神州大地上来回穿梭。

根据新华网发布的新闻，4月18日，京哈、京沪、京广、陇海、浙赣、胶济、武九、广深等铁路运营时速大面积提速至200公里，总里程达到6003公里；其中京哈、京沪、京广、胶济等线路部分区段运营时速最高可达250公里，总里程达到846公里。

国际铁路联盟定义：既有线铁路改造提速至时速200公里以上或新建线路设计时速250公里以上即为高速铁路，中国一夕之间拥有了6003公里的高速铁路，超越了德国、法国、西班牙、日本，成为世界高速铁路第一大国——中国的高速铁路时代正式开启。为了这一天，铁路圈已经准备了许久，和利时已经准备了许久。

运行速度从时速160公里提升到200公里甚至250公里，仅靠提升线路质量和列车构造速度是不够的，信号列控系统的运用成为一个先决条件。从2005年春节签订供货合同开始，直到2007年4月18日，和利时一方面配合铁道部进行地面设备改造，一方面与日立合作生产动车组列控车载系统，分秒必争地忙活了一年多。

王常力经常将和利时的事业比作一架要腾空而起的飞机，它不是一只轻盈的风筝，会随风而起。它是一架沉重但充满内部动力的飞机，它的起飞要经过充分的准备，加满燃料，设备正常，才能缓缓进入正常的轨道，开始加速。加速到一定的速度就腾空而起，进入蓝天，鸟瞰大地。可以说，这一年多的时间里，和利时就是在做起飞前的准备工作。

第六次大提速要在既有铁路线上将时速提高到200公里，地面改造涉及到的不仅仅有线路改造，还包括牵引供电、机车车辆、信号系统、信息系统等，是一个庞大而复杂的系统工程。其中线路方面的升级改造，工作量大、牵扯面广、技术要求极高。而且，对线路的大规模改造，还要在不中断行车的情况下进行，因此限制多、风险大。

又因为路面改造涉及到方方面面的信息，所以信号地面系统的改造，主管部门没有让外方参与。从收集、整理原始数据开始，全部是和利时自己一手操办。没有经验、没有外援，和利时凭着一腔热情往前冲。

从调度区划分，到临时限速方案，再到如何设计网管等信号控制系统，和利时团队召开了多次施工准备会，精心部署了精兵强将参与现场施工。明确各把关人员主体责任，细化各项施工任务，以“一点不错，一线不差，一开必通”为目标，扎扎实实进行地面系统改造。

虽然地面系统改造的工作繁琐又辛苦，但毕竟有章法可循。而生产车载设备，才是更难啃的硬骨头。当时的和利时，第一没有生产线，第二没有物料清单，第三对于软件控制系统的了解也存在盲区。而且，对于列控系统的调试方法，和利时还完全没有相关知识和经验。列控系统到底怎么做？怎么调试试验？交付给用户后，后续保障怎么做？有大量空白需要填补！

在各种极端不利的情况下，如何平地起高楼？

虽然，有日立这个合作伙伴，也有研发“数字化多模列控系统”的基础，但要从零开始生产配套的车载列控产品，把一个算法变成一个产品，最后还能跟整个系统链接起来，显然并非易事。当时负责车载产品研发的李智对此感慨道：“回想起当时，真的是不知道怎么过来的！”

因为从理论上讲，仅仅依靠技术引进是不足以实现技术进步的。以技术引进的方式获得的高铁列车及配套系统技术，其实只是获得了按照外方的产品设计和工艺设计生产产品的技术许可，但并没有因为这种引进而真正得到技术。

简单说来，就是中国得到的只是信息，而不是知识和技能。因为定型的产品设计并不反映设计背后的因果关系。因此，如果中国企业完全或纯粹依靠技术引进，那么中国企业就只能依靠引进的技术进行生产，并陷入技术依赖状态。

因而在决定引进国外高铁技术的时候，铁道部定下的技术策略就是引进、消化、吸收、再创新，就是要求中国企业不仅仅要知其然，还要知其所以然；不光引进技术，还要理解引进的技术信息所反映的因果关系，并在这个基础上产生新的突破。

国际创新学界对于技术能力有一个经典定义，“技术能力是产生和把握技术变化的能力”。这就涉及到产品开发能力和经验积累，而这些都无法花钱买到。

“信号列控系统其实并没有涉及到多么新的技术。”一直在做信号系统软件研发的李剑解释说，列控系统属于自动化领域的一个分支，与其他自动化产品并没有本质区别，同样靠CPU控制，有接口和IO控制等部分。

那么，列控系统的难点在哪里？

信号行业的特殊性在于，研发人员必须要对铁路的行业背景有深刻的了解和认知。但是懂铁路行业的人太少了。做软件的人很多，会用C++的人也很多，能够写自动化行业软件的人也有很多，但是能写信号行业软件的人很少。因为他们不懂行业逻辑。“当时，对系统的了解和理解，是最大的难点。”团队成员说，“今天看似很平常的任务，交代下去大家就做了，但当年没有这么全面的人才，做起来难度就完全不同。”

说到底是缺少人才。

公司的竞争归根结底是人才的竞争。什么样的人是人才？王常力非常推崇通用前CEO杰克·韦尔奇的人才观。

韦尔奇将GE所有员工分为三个部分：优秀的20%，重要的70%，淘汰的10%。优秀的是公司最宝贵的财富，公司每失去一位都应感到痛心，公司应该为这20%提供富有挑战的工作机会和满意的工资。重要的是公司的中坚力量，公司应当用有效的激励政策鞭策他们努力工作，提高绩效，并通过绩效来提高待遇。此外，公司应当努力培训70%里面的人进入优秀的20%。公司一定要评出最差的10%并坚决淘汰。

王常力曾谈道：“人才既是技术的创造者，又是技术的载体。我们最突出的优势是有一支具有丰富经验和技术水平的人才队伍。”

从最初几十人的小团队，发展至如今员工超过700人的公司，和利时坚持的“以人才为根本”战略始终未变。也正是在这种思想的指引之下，和利时成为了可以不断提升才华的舞台，让更多人才在和利时成长起来。

但在第六次大提速前的紧要关头，和利时面临的人才短缺，和因为人才缺失而障碍重重的技术挑战，着实令当时的技术团队挠头。更何况，除了这些困难，还有紧迫的时间线悬在头顶。

合同规定第一批车载设备的交付时间是2005年底。也就是说在此之前，和利时要把车上需要的控制系统做好，并交到车辆厂安装调试。不到10个月的时间里，要见到合格产品，压力可想而知。

难度大，没经验，摆在眼前的困难没有吓退和利时团队。没有经验，就认真跟有经验的师傅学习；一个人的力量不够，就全员一起上。

从2005年2月起，和利时就开始全员行动，设计、联络、做资料等工作一气呵成。组建生产线，准备物资清单，采购物料，进行试验生产，马不停蹄执行生产计划……所有工作都在加速推进着。

2005年夏天，第一批样机出炉——由和利时通过引进日立技术，国产化后的列控车载ATP设备以及引进法国技术、国产化后的列控地面电子单元LEU设备正式问世。下一步就是测试、验证系统技术是否能满足需求。因为中国的运行条件与欧洲、日本都不尽相同，路况复杂度更高，需要适应的场景更多，并不是海外技术拿来就能用，需要大量的场景测试，以验证列控系统在各种情况下都能正常运行。所以，在技术标准之下，和利时进行了很多适应性改动。但当时中国还没有动车组，该怎么做信号列控系统的验证试验？

铁道部安排和利时在一辆当时中国常见的内燃机车头上，将生产好的样机装好，就开始了反复的测试验证。在北京炎热的夏日下，一群人挤在40多度的老内燃机机车头里，盯着信号设备，心情随着火车制动发出的刺耳的声音起起伏伏。

测试——发现问题——修改——再测试。如此反复，直到问题完全解决了，和利时立即快马加鞭地组织生产。

终于，在2005年12月，第一批正式设备出炉。

效率和质量到底能不能兼顾？大多数人的脑海里都有“慢工出细活”“欲速则不达”的概念，甚至会拿“工匠精神”作为挡箭牌。但是作为企业，效率始终都是衡量价值不可或缺的维度。

当一个企业保证了效率和质量，成功就是水到渠成的事。而获得成功的方式有时很简单，就是靠全身心投入的热情，以及持续不断的努力。因为，往往比智商与能力更加决定结果的，是态度与热情。而这，正是和利时团队最不缺的品质。

其实，如果按照现在的标准流程，当时所需的列控设备是不可能在短时间内做出来的。但是在当年那个时代，整个行业对高铁新技术科研的支持力度较大。面对项目时间紧、任务重、难度大的困境，无论是铁道部还是企业，能各司其职，全力投入这项艰巨的工作。和利时就是要做安全可靠、品质过硬的最有价值的产品，产品安全可靠是和利时坚守的底线，品质过硬是和利时不懈的追求。团队成员至今仍然无比怀念那个创新氛围浓厚、激情澎湃的时期：“那时每天都是不一样的，每天都在前进，每天都在发展。”

也就在这浓厚的创新和突破氛围中，和利时在近乎一片空白的列控领域，建起了属于自己的第一幢高楼。

“校对”全国铁轨

交通运输专家谷中原在接受媒体采访时说：“中国是一个最需

要优先发展铁路的国家，幅员辽阔、人口众多，民工流、学生流、探亲流、旅游流，人口流动频繁，对作为大众化交通工具的铁路需求巨大。当铁路成为运输‘瓶颈’亟须发展时，高铁走上了前台。”

2003年5月24日，铁道部主要领导在考察胶济铁路（青岛到济南段）时提出：要用一流标准对这条百年老线进行时速200公里提速和电气化改造。

2004年6月1日，胶济线时速200公里提速和电气化改造工程开工。

2006年7月，和利时团队做出的列控设备，开始在胶济线做试验。

但试验刚一开始，和利时团队就被浇了一盆冷水。“你脑子里有一套思路方案，但到胶济线上一‘跑’发现，不对，跟想象的不太一样。”李智说，“第一次试跑做的‘稀里哗啦’，车根本都跑不起来，我们也挺失落的。”

高速铁路与之前的普速铁路，确实有太多东西不一样，需要不断调整适应。就拿天上飞的鸟来说，在胶济线做试验的时候，每天车跑完后，驾驶室的风挡上很多血——都是撞死的鸟。因为鸟的认知不一样，以前鸟觉得火车的速度不快，能飞过去。但动车的速度与原来的火车速度差别太大了，所以动车跑过来，它根本来不及反应。

但和利时团队最大的优势就是反应快、动作快。白天发现的问题，他们晚上就跟日立的设计员一块儿讨论怎么修改调整。然后连夜改好，第二天重新实验，如此反复了一个多月时间。

在使用动车进行试验之前的几个阶段，曾经用机车、轨道车进行过列控系统的试验。试验的时候，一辆与公交车差不多大的机车头里，挤着20多人。车厢外，有高温暴晒；车厢里，没有电不能开空调，司机室温度极高。而且，那时为了防尘，要求工作人员穿上防尘防静电工作服。但不管多高的温度，和利时团队都没有丝毫抱怨，经常连续作业几个小时，有时甚至可以一天不下车。

这与王常力要求和利时人的“一丝不苟”不谋而合。他谈道，企业的功夫在内部，“一丝不苟”反映了和利时要实现目标所必须坚持的工作态度和手段。中国最多的是“哲学家”、理论家和空想家，最缺少的是《把信送给加西亚》主人公罗文式的想方设法把接到的任务执行到位的人。再好的创意，没有“一丝不苟”也形不成好的结果；再好的产品和系统，没有“一丝不苟”也做不到用户满意；用户再多的支持与理解，没有“一丝不苟”也会让他们失望。和利时之所以要求做到“一丝不苟”，正是因为坚持为客户提供最有价值的服务，始终以客户为中心，为其提供专业、高效的服务，及时响应和满足客户的需求。

经过一个月的“魔鬼试验”，列控系统一步一步地调好了，和利时的调试水平也有了巨大提升，列车已经能顺畅地跑起来、平稳地停下来。

更让和利时骄傲的是，随着试验的推进，日立的技术人员逐渐退到幕后了。到试验后期，出了问题都是和利时的技术人员自己上手解决。谈起当时的情景，和利时创始团队不无得意地说道：“一开始是他们分析，但很快我们就能接过来了。到后面分析、报告问题的时候，基本都是我们在与客户分析解释。”

胶济线的试验场，和利时不仅试验了列控系统，更将团队能力和信心逐步培养了起来。而这除了外方积极认真的配合之外，更重要的是和利时时时有心，处处留心。

因为系统背后的软件很多，合同不可能把所有细节都列上，最后能拿到手多少，完全取决于你的技术水平，你有没有能力学会。日立的所有培训，和利时都非常认真、积极地参加，所以，团队成员很快就可以把日立的人替下来，独立作业了。

深入掌握技术，拥有独立作业的能力，是和利时能在行业内站稳脚跟的最重要因素之一，这也是和利时战略超前、执行到位的具体体现——战略与执行是一家公司发展所必须落实到位的一对矛盾。没有清晰的战略，会落入与同行恶性竞争的境地；而没有有效的执行，再好的战略也只能是纸上谈兵。

在中国文化中，凡事讲究“度”，“中庸”是一个备受推崇的理念。落到执行中，就是“差不多”现象屡见不鲜。但成功往往是极致带来的，做事“差不多”往往会使企业与世界领先水平无缘，而追求极致一直是和利时人的追求。王常力曾与公司全体员工分享，他极其推崇的“一盎司定律”。

被誉为“投资之父”的投资专家约翰·坦普尔顿通过大量的观察研究，得出一条很重要的原理：“一盎司定律”。他指出，取得突出成就的人与取得中等成就的人几乎做了同样多的工作，他们所做出的努力差别很小——只是“多一盎司”。但在所取得的成就及实质内容方面，结果却经常有天壤之别。

在耶鲁求学时，坦普尔顿决心让自己的作业正确率不是95%而是99%。结果呢？他在大学三年级就进入了美国大学生联谊会，当选耶鲁分会主席，并得到了罗兹奖学金。在商业领域，坦普尔顿把“一盎司定律”进一步引申：只多那么一点就会取得更好的结果。他逐渐认识到那些更加努力的人，会得到更好的成绩。但付出的仅仅是比别人多一盎司的努力。

“我已经竭尽全力了吗？或许我还有一盎司可加！”经常这样提问自己，让人受益匪浅。经常这样提问自己的和利时人，在胶济线上交出了一份令人满意的答卷。

2006年9月，铁道部邀请了多位院士到胶济线实地体验，为提速做最后的决策参考。当时和利时的系统已经基本调试完毕，铁道部的领导和院士们体验良好。徐悦感慨道：“这是和利时在第6次提速中做的贡献。”

焦济线试验结束后，铁道部迅速启动了全国主要提速干线的拉通试验用动车组在京沪、京广、浙赣、广深、京哈等线路试跑。就这样在全国跑了2轮次，相当于用测试车，在全国各条准备提速的线路上完完整整地进行了拉通测试。

通过拉通试跑，一方面是检验列控系统成果和发现提速中可能存在的问题，另一方面也是让铁路局的各位同行熟悉这套系统。毕竟，这套系统是一个新事物，之前还没有实际的概念。

每次试跑，铁道部各个业务单位的领导都在车上，各路局的各级干部和骨干技术人员也全上车盯控。“当时我们就觉得，中国的铁路精英都在这趟车上，可不能出任何问题。”团队成员说。

试跑第一天，对京沪线进行拉通试验。因为是在既有路线上跑，有的地段路况比较好，列车时速就能跑到200公里，此时要切换到列控系统。其他线路条件比较差的地方，还是保持160公里，就切换到传统的司机驾驶模式。

没想到的是，动车出了北京到达天津的杨柳青后，刚切换成列控模式就开始频繁制动（刹车）。制动后，接着跑，跑一段又制动。连着制动了三次以后，车上负责指挥的人坐不住了，众人也开始小嘀咕，如果一路跑一路制动，动车组轮对会不会擦坏？这可是当时铁道部进口来的，造价不菲。而且，试跑动车组是最高运行优先级的列车，其他火车都在为这辆车让行。反复制动，必然会影响其他列车的正常通行。

相关负责人有点扛不住压力了，对主管领导说："这个系统不行，是不是把设备甩开，不跟制动系统连接了？"

和利时团队当即否定："不行，如果不上列控就等于白跑了。"其他人对和利时继续试跑的要求将信将疑。但和利时团队心中有数，分析表明制动是地面数据不准确造成的，等后面数据准确了就可以正常行驶了。

虽然当时地面其他配套系统已经逐步建立完毕，但因为地面数据是各个路局提供的，有些数据年代久远，并不准确。比如，轨道实际是500米，但由于测量不准确，可能量成了450米。因为数据不一致，所以车开过去就会制动。而动车跑一趟下来，测出实际数据，然后在系统中更新一遍，再运行就不会出太大问题。

为何地面数据准确度不高？一是因为理解。真正运营之前，设计的所有方案都只是设想。虽然逻辑是正确的，但没有经过实地验证，一定会有盲点有漏洞。所以，在试跑的过程中常常发现，这里数据错了，那个地方不对了。二是因为数据精准度不够。以前在用列控系统之前，铁路对距离精度的要求没有那么高，就好比从东直门到西直门，究竟是10公里还是10.1公里，并没有人在意。但是信号列控系统对精准度要求极高，可是地方铁路部门在准备数据的时候，并没有认识到这些，而且测量手段还非常原始。

"测量的同志也很辛苦，几十公里上百公里几百公里的铁路，一段一段用皮尺拉着量，所以会有累积误差。”李智说，“但是，车载的设备数据记录得很清楚，车只走了999米，可地面告诉的距离是1000米，所以车载设备认为有偏差就停了。”于是，试跑动车一路跑一路修正基础数据。试跑走完一圈，相当于把整个地面线路的数据校对了一遍。

就这样，和利时基于对自己系统的绝对信任，顶着压力，坚持从北京跑到上海。仅一天，一共就有50多次紧急停车。到达上海之后，铁道部组织所有人立刻开会，总结每次制动的具体原因。

当时和利时的车载核心技术人员一共不到10人，还需要有人留守办公室，生产也需要有人支持，真正能跟车跑的技术员只有几个人个人。一直在试跑车上的技术人员，对此印象深刻。“下车后，我们一行人立刻开会，铁道部的领导直接就问，刚才的停车是怎么回事？”

当时，和利时搬了一台打印机在试跑车上，分析报告随时写随时打印。一出故障，和利时的技术人员就根据实时下载的数据，马上分析写报告。到达目的地后，这趟车的每一个故障都必须分析清楚。停车到底是软件的问题，还是数据配置的问题？哪条线路有误差，或者哪里数据写错了，都需要一个点一个点的比对。

“过程很痛苦，下车都快吐了。因为压力太大了，一方面是工作压力，另一方面是责任压力。”团队成员解释说，动车组拉出来跑一趟，特别不容易。车跑一趟，就要有跑一趟的价值。假如分析不出故障原因，后续各个地方铁路局就没法进行调整和改进。

其实在试跑的第一天，有人对和利时的分析还有些疑虑，嘀咕是不是车上设备有问题。但试跑第二天，疑虑烟消云散，在从上海到长沙（沪昆线）的路上，试跑动车一次制动都没有。零制动得益于南昌铁路局的基础数据准确，所以那一段路跑得“畅通无阻”“大快人心”。

在试跑第二天晚上的总结会上，所有人都很激动，集体为和利时鼓掌。之后，再也没有人质疑过和利时的精准分析。

人前能风光，是因为人后在努力。整个6次试跑的过程中，和利时的技术人员一刻也不敢放松。“就是像疯了一样，现在都不可想象，那个年代就这么干出来了！”团队成员回忆，当时每天早上5~6点动车准时出发，有问题随时分析写故障报告，下车后开会讨论整改。第二天出发前，要把第一天发现的问题全部整改完毕。那段时间，技术人员从没有在12点前休息过，有时甚至要熬到凌晨两三点才能休息。但无论多晚，第二天一早，都要准时坐到车上等待出发。

稻盛和夫就说过：热恋中的恋人，在旁人看来目瞪口呆的事情，他们却处之泰然。工作也一样，只有迷恋工作、热爱工作，才能长期坚持艰苦的工作，一以贯之，无怨无悔。

“再给我十分钟”

往日繁忙的京广线，在2006年10月的一天，竟然堵了车，一列列火车静静地停在铁轨上等待可以出发的通知。车厢内，因为停车太久，已经有乘客不耐烦地骂骂咧咧。车站的候车大厅里，因为火车晚点，候车的乘客越积越多。

此时的和利时，正在焦急地排查动车故障。“本来好好地走着，突然就制动了。而且，不知道什么时候就制动。最麻烦的是，我们不知道为什么制动。前一天动车从长沙回到北京的时候还一切正常，但这一天从出发开始就一直不顺利，只要切换到列控系统，跑一段就莫名其妙地制动，动车完全跑不起来。”从团队成员回忆的话语里，依然可以听得出他当时的焦虑情绪。

面对频繁无故的制动，有人无奈地说：是不是动车上闹鬼了？

车上的气氛随着制动次数的不断增加而紧张起来。

因为试跑动车是优先级最高的列车，京广线上的所有火车，都停着给它让路。但动车迟迟走不了，其他火车把京广线整个大动脉都给堵上了。看着越压越多的列车，动车上负责指挥的领导有些着急，语气急促地问团队技术负责人：“能不能修好？”

“我是保障车载设备运行的负责人，车载设备有问题的话，我肯定会第一时间修好。让我再试一试。”虽然团队成员无比肯定地答复了，但其实他内心正打着鼓。因为列控系统装有监视设备，可以显示实时运行的数据。频繁制动后，团队成员立即查看数据。这一看，他心里咯噔一下，暗自说：“坏了，这次不是地面数据的问题，是车载设备出问题了。”但具体是哪里出了问题，一时间没有答案。

当时车上的其他人不了解列控车载设备本身，也帮不上忙，一车人都指着和利时解决问题。“当时我们只能一步一步地排查。因为列车行车都是需要事先调度的，每辆车会在哪儿停，停多长时间，都要预先请示报告。包括要提前给地方铁路局说要停还是要走，要试什么，要多长时间。局长再指挥调度安排行车时间。”提起当时的情况，何春明仍心有余悸：“不能让车趴在那儿啊！怎么才能尽快顺利行驶？不能瞎走，更不能出危险。”

当时的列控车载设备，每一套都是“两系配置”，就是有所谓的冗余支持系统。简单说来就是，有四个CPU同时在运行，两个CPU一组是一系，两系CPU状态完全一样，确保万无一失。设备正常运行的时候，两系处于并行状态，就是四个CPU在做同样的事情。如果一系故障，另一系就会立刻补上。

确定是车载设备出问题之后，何春明首先想到的是，将两系设备交换。因为每次更换，都需要停车、停电之后再更换，然后重新通电开车，整个过程很耗费时间。但即便更换完毕，频繁制动的问题依旧没有改善。

于是，何春明建议继续调换。一辆动车会安装两套相同的控制系统，一套在头车，一套在尾车。既然只调换头车的设备不行，就把尾车的设备搬来，然后各种排列组合全部都换了个遍。但问题还是没解决……

和利时团队当时分析：看来已经不是设备柜里面的问题了，肯定是车载设备有问题了。但到底是哪里的问题，需要一点点用排除法确定。

经过反复的排查，车已经快开到石家庄了，火车积压也越来越严重。于是何春明对动车上的铁道部领导说："之前停车调换设备都是停2分钟、停5分钟，时间不足。现在我们先不试验了，到了石家庄，给我们10分钟的时间，我们把故障修好。"

在正线线路上停10分钟，对运营已经非常困难了。"实际上，我心里已经想好下一步怎么做了。"何春明回忆说，因为机柜和动车之间是用电缆连接的，之前机柜里已经全面检查一遍了，下一步就需要检查电缆了。但电缆埋在车的地板下面，之前停车时间太短没法检查。所以，到石家庄停车断电之后，团队成员把连接机柜和电缆的插头拔下来，用刷子扫刷了一下插头。

这次，竟然管用了！之后继续“跑”，再也没出问题。

“因为当时的连接线是用多股铜线制作的，铜线碎屑掉到插头里根本看不见。有时候车晃一下，金属碎屑可能就掉了。我们把所有地方都排除了，唯一就剩电缆了。所以我推测，是不是有金属丝，掉在插头里面了。”何春明解释说，可能因为插针短路了，所以设备没输出制动，动车却莫名其妙地不断制动。

和利时团队冷静处理故障的整个过程，深深感染了试跑动车上的每一个人。当时车上铁道部的几位处长看在眼里急在心上，他们事后对团队成员说：“太佩服你们了，心理素质太厉害！居然能在这么大压力下，找到问题的症结。你们和利时人真行！”

显然，在现场顶着巨大的压力，一项一项有条不紊地排查故障，足够的经验、技术水平和心理素质，缺一不可。富兰克林曾经说过：凡事做好准备的员工，每一天都可以很轻松地达到工作目标。而受企业欢迎的员工，也一定是凡事都有准备的人。反之，天下最坏的事，绝不是坏事本身，而是你对它的发生准备不足。

测试完毕后，和利时团队又把设备带到实验室检查，仍没找出原因。但吸取这次的经验教训，他们都将设备插头提前预制好，从此再也没有出现这种问题。出现问题并不可怕，解决了就好。可怕的是不能从问题中获得改进，不能避免再次出现同样的问题。在遇到问题的时候，有些人沉湎于问题带来的负面情绪，“跳”不出来，不能静下心来剖析问题；有些人对问题不愿深入分析，满足于浅尝辄止，抓不住要害；有些人解决问题就事论事，不善于总结归纳，不断重复“治标不治本”的老路，结果使得一些问题成了久治不愈的顽疾。

和利时团队在承担重大项目时，“每临大事必有静气”，遇到问题冷静思考，不掩饰回避，不惧怕退缩，沉到末端去了解实情，分析问题背后的深层次原因，从个性问题中寻找共性矛盾，实现从看到问题到洞悉问题的转变，找准问题症结所在，从而对症下药，找到解决问题的“金钥匙”。

在动车最初的试跑阶段，不止频繁制动，各种各样的问题层出不穷，给和利时团队压力的同时也锻炼了他们的能力。试跑了6趟以后，和利时收集了大量的数据，积累了丰富的经验，知道哪些地方容易犯什么错误，哪些地方应该如何规避。所以，正式提速之后，和利时充分发挥自己的技术优势。在提速后的很长一段时间内，都在以技术专家身份，协助铁道部各个路局解决地面数据问题。

工作得到用户的认可，而且是得到业内专家的认可，这是最值得骄傲和自豪的事。而这份成绩背后，是多少人不计名利得失、相互切磋、密切配合得来的，是多少人牺牲了个人所有业余时间，近乎发狂式的工作才换来的。在和利时的各个部门，几乎每位员工身上都有忘我工作的不凡经历。

在刚刚提速的那段时间，全国各地，同时上线全新的列控系统。虽然之前做了各种测试，但是再充分的测试，与正式载客运行还是不完全相同。当时，和利时的技术人员全都被外派到各个路局去做保障工作。

“刚开始的时候特别痛苦，各路局不知道怎么操作，我们对有些技术也没有特别吃透，状况频出。”团队成员回忆说：“刚开始提速的时候，各个路局经常半夜打电话找我们解决技术问题。节假日加班，更是常态。”

为了保证行车安全，高速铁路运行图一般在夜间设置5~6小时的综合维修天窗，对线路、通信信号和供电设备进行综合维修。如果信号设备出了问题，能立即解决的立即解决。但更常见的情形是，在确定问题原因和形成解决方案后，利用晚上的天窗时间去解决问题。因此，技术人员的电话要24小时保持通畅，以备不时之需。

而且，为保障信号系统正常运行，一到节假日，和利时的技术人员就要频繁出差，在重要设备现场值守。因为铁路有一个非常重要的任务——保障出行，尤其是在节假日更要保障设备正常运行，期间车（车务）、机（机务）、工（工务）、电（电务）、辆（车辆）等全部专业铁路相关人员都要随时到场。当时的铁路领导有一句名言："知道你们很辛苦，但是再辛苦也要注意休息，每天一定要保证两个小时的睡眠。"这句嘱托，道尽了当时的辛苦。

但这就是和利时人，排除万难追求用户认同，做用户值得信赖的合作伙伴。干别人干不了的事，付出别人不愿意付出的努力，也成就了别人成就不了的事业。

那段特别辛苦的日子给所有人都留下了深刻的印象，但所有参与者都无怨无悔。在笔者采访期间，重温那段非常时期，大家都在感怀那段经历所带来的成长。"现在根本没有机会，那么快速的成长了。"有人感慨说。

在技术圈有这样一句话：技术能力是不可能被"引进"的。因为在特定开发实践中不断探索的研发团队及其成员之间的默契是组织特定的，不可能买来；由经验知识和组织特定的流程所构成的无形技术支持系统是不可引进的；没有组织特定的团队和无形技术支持系统，本来可以构成有形技术支持系统的硬件设备也不过是一堆废铜烂铁，不能成为“系统”。但经历了那段激情岁月，列控系统再出现什么问题和利时都不怕了。因为从提出标准规范，到技术实现，和利时全程参与过，他们又完整经历了各个环节——经过一番磨砺，和利时已经成为当之无愧的高铁列控领域专家。

同时，通过第六次大提速，从铁道部到管理部门，再到设备厂家，都对列控系统有了比较完整的认知，和利时与各方面的配合也越来越默契，越来越顺畅。

任何伟大的事业都是经历了无数痛苦和磨难之后才成功的。而人生最大的事业是经营自己，工作就是修行的道场，敬业即是敬自己。有了敬业精神，工作就不再是苦役而是一种爱好，困难就不再是苦恼而是一种乐趣，艰辛付出就不再是苦楚而是一种收获。从工作里爱生命，就是顿悟了生命最深邃的秘密。

传奇，就是打破不可能！

“绝不可能做到！”日立的技术人员直接打断了和利时的话，断然拒绝了铁道部的提速要求。这是日立与和利时合作以来，双方第一次产生如此激烈的冲突。

原来，就在信号系统的测试工作全面结束，只等正式提速的时候，铁道部要求，将动车速度再提高50公里，达到时速250公里。

但之前所有试验都是按时速200公里的标准进行的，将动车运行时速提到250公里，涉及很多问题：第一，车行不行？第二，线路允许不允许？第三，控制系统行不行？其中，最重要的就是控制系统能否保障提速，毕竟安全是一切的前提和基础。

在和利时之前参与的实验阶段里，只有上海西到昆山的一小段线路，动车时速能达到250公里，其他线路的速度都很难提上去。铁道部的新要求就意味着，要以时速250公里为目标，将已经调试好的程序全部重新调整一遍。

对于信号系统来说，这犹如“晴天霹雳”！

和利时团队之前用了好几个月的时间，才全部按照时速200公里的目标测试调整完毕。现在只有一个月的时间，要推倒重来再做一遍。这不是修改一个参数的问题，是大量的控制逻辑都要调整。“因为反馈时间不一样了，200公里的反应时间，到250公里就不够用了。这样的修改，工作量不亚于重新研发一遍。”徐悦说。

日本人当场予以了否决：“不可能！我们在日本也没有跑过250公里，从200公里到250公里，就是从一个世界进入了另一个世界，完全不一样。”

但客户的需求摆在那里，容不得你拒绝。而且，只许成功，不许失败。不成功便成仁。

第六次大提速对中国有着非凡的意义，这既是1997年开启的中国铁路六次大提速的高潮部分，同时也意味着中国高速铁路时代的开启。铁道部更希望以此为起点，建成庞大的高速铁路网络，打通中国各省市经济发展的经脉。他们还希望通过技术引进建立中国高铁技术自主创新的平台，让中国的高端装备研发制造技术赶超世界同行。

而且，第一次信号系统招标，只有和利时与另一家公司竞标成功。而由于种种原因，上线运行的绝大部分车载设备都由和利时提供，压力几乎全部压到了和利时的肩上。

外方不给资源支持，项目陷入难以推进的局面，和利时似乎走到了绝境。

究竟该如何推进？徐悦决定：既然日立拒绝重做，那和利时就想办法自己改！

干任何事，困难固然是存在的，但是决策的标准，一定要服从于价值意义。带头人的战略眼光和战略判断力，是解决困难的重要驱动力。战略动力有了，执行潜力往往是无限的！

几名技术骨干使出浑身解数，不眠不休地想思路，重新试验调整方案，他们用从日立身上学到的严谨认真，一遍遍推演程序。日本人以严谨认真著称，他们会把事情做到极致。而做到极致，绝非来自能力，而是全部来自于内心。但在我们身边，却很容易听到无奈的声音："没办法，我尽力了……"但此时可以扪心自问，你真的尽力了吗？

当你有决心时，世界都会为你让路。最终，和利时这种排除万难的钻研精神，以及甲方提供的巨大支持，最终也打动了日立。他们也加入进来，一起修改系统。俗话说"人心齐，泰山移"，多方抱团精诚合作，终于在2007年4月初将所有控制系统全部顺利调整完毕。

此时，距离4月18日的提速时间只有几天了。

但正式运行之前的试跑环节不能省略。因为安全产品的稳定性，全靠经验积累。在安全领域有句行话："安全问题都是改出来的"。安全产品就怕改，一改就容易出问题。

对此，汪小亮有着深刻的理解："如果你没有经验，有时候可能一改就把以前的经验扔掉了。有的东西你可能觉得，这东西又没什么用，干吗要放在这里？于是就把它删掉或者改了。但实际上这是因为之前出过问题，那些东西都是经验的积累。”

信号安全产品与其他产品有较大差异的地方就是不能轻易修改。安全产品不同于手机、电脑这种民用IT产品，出了问题就迭代一个新版本。信号产品的安全性，依仗的是一条一条经验教训的积累和沉淀。

大学里的“列车控制系统”专业，专业性或技术性并不是很强，往往各种技术都要涉猎。正如汪小亮所言：“实际上学习列控就是学习经验，这是一个需要大量经验积累的学科。安全产品一用就是几十年，之前出的问题，如果不积累，就是在给未来埋坑。”

大家又一刻也不敢停的重新做了试跑测试。还是那辆车，还是每天从早到晚地在车上盯监测数据，还是熬夜修改问题……之前的经历原样不差地再来了一次。

“现在回想，当时真称得上是一个传奇。”团队成员感慨道，当时其实有些“初生牛犊不怕虎”的感觉，只要国家一声令下就义无反顾地往前冲，没有别的杂念，就一心把产品做出来。加之中国之前没有高速铁路，所以也没有任何思维限制，反而取得了突破。最后，竟然真的做出来了。

能如此迅速地完成系统修改，除了和利时发挥了极高的主观能动性外，也离不开技术引进起到的重要作用——节约时间。

虽然技术引进来的产品设计只是信息，但和利时团队通过不断学习、研究，最终理解了其背后的因果关系，掌握了设计新产品的逻辑。在这一过程中，他们沿着日立的技术路径走一遍，节省了探索所有未知因素的时间，而探索时间是新产品设计中必不可少的元素。通过与日立合作，使和利时得以窥见成熟的产品设计和制造信息，有机会理解其中体现出的完整经验，并将由此产生的新知识，有机融合到自己原有的能力积累之中。

如果说提出一个先进的设计思想是很难的一件事，那么，由和利时十几人与外方技术人员在短短一个月时间，改出250公里的系统，就真的算得上是一个奇迹了。而和利时硬是在不可能中创造了可能。至此，中国铁路列控系统CTCS，终于从纸面上的标准规范走向了实际运用。

和利时不仅仅保质保量地交上了作业，而且这份作业可谓优秀。第六次大提速中，和利时的设备保持了极低的故障率，每百万公里故障数只有0.2。

能达到这么低的故障率并不轻松。其实，列控车载系统中有两个部件完全由和利时自己设计和生产，虽然也合格，但故障率明显高于日立设计的部件。

最初和利时生产的部件质量距离完美似乎总是差一点。如王常力所言："和利时什么技术问题最后都能解决，但就是不在该解决时解决好，不能一次解决好，总是造成巨大损失后才解决。最令人伤心和难过的是，有时就因为'一点点'的差别，企业就要付出十倍和百倍的代价。"

反观日本产品，却能做到每一件的质量都维持上乘。日本生产线上的设备有的甚至比中国的还落后一些，但是日本人以极其负责的精神，加上严格的管理，生产出了质量首屈一指的产品。

日本的质量管理，强调的是不断改进和完善，不论现状有多么好，都要不断地改进，永不满足。质量管理的目标不单单是提高产品的质量，还包括低成本、快速交货和优质服务。

和利时团队意识到，日立在质量控制方面的做法确实很实用。于是，专门学习了日立的质量控制体系。

在日立的体系中，产品质量一是由设计保证，一是由制造保证。而且，两个环节同样重要。“早期我们设计的零部件就是比日立的故障率高。说明只在制造环节把控质量，故障率还可能会高，还要在设计端把控质量。设计加制造，双重保障下，故障率才能降低。”徐悦说。

在设计环节，学习日立经验，精进设计方法，优化设计流程。在生产环节，从元器件的选型和采购，到每一块模板的调试、检查，再到每一台控制机的组装，层层把关。从那时起，和利时的产品质量在业内就做到了首屈一指。

成功取决于态度，成功也是一个长期努力积累的过程，没有谁是一夜成功的。知道自己工作的意义和责任，并永远保持一种自动自发的工作态度，为自己的工作负责，是那些成就大事业的企业和凡事得过且过的企业最根本的区别。

2007年4月18日的新闻联播上有这样一个画面：动车车厢内，大家都拿着数码相机等着拍时速250公里的标识。因为虽然列控信号系统全部是按照时速250公里设计的，但有些线路条件所限，比如弯道，那一段线路就达不到时速250公里。到了直道，考虑到加速时间和减速缓冲，中间也只有一段能跑到250公里。所以时速250公里的速度持续的时间可能并不长，但旅客们的兴奋持续了整个旅程。

全国各地，同一天上线全新的设备系统。压力巨大，但和利时经受住了考验，非常成功地完成了任务。和利时的车载设备为第六次提速的平稳运行提供了稳定的保障。和利时聚力交通，服务民生，通过安全运营，让用户放心，为社会民众出行提供安全保障。在产品、技术及服务方面的引领和推动，也在一定程度上促进了行业的发展。由于表现优异，和利时作为主要参与单位的“CTCS–2列控系统研究及应用”项目，获得了当年的科技成果表彰一等奖。

时速250公里的高速铁路成功开通，标志着中国铁路一步迈到了世界前沿。就在30年前，这一切对于我们而言，还是难以想象，犹如天方夜谭。而和利时，为中国铁路史上的这一次飞跃，竭力贡献了自己的光和热。

首条客专大显身手

2008年4月18日，我国第一条时速达250公里的客运专线——合宁铁路正式开通运营。这是国家重点建设项目“四纵四横”快速客运网的重要组成部分，列车试验最高时速达到282公里。

作为书写这一历史的一员，和利时为合宁铁路的顺利开通做了有力保障。

在第六次大提速中，和利时在铁路圈闯出了名气，顺理成章地参与到了这一重点项目中。经过大提速的积累，车载设备不再是能困住和利时的技术难点，在合宁铁路项目中，地面的列控中心，成为他们新的攻关重点。因为按照计划，合宁铁路上又要跑客车，还要跑货车，并且客车时速是250公里，要按照新建客专标准来建设，与之前提速区段系统的列控中心相比，有很大的不同。和利时面临着新的技术挑战。

首当其冲的难题就是没有详细的技术标准。第六次提速前，铁道部组织专家和企业技术人员先制定规范，然后再招标，最后交付。同时参与方在合同谈判中不断修正规范，在交付实验中不断调整优化产品形态，可以说是照着标准临摹。但合宁线是先招标，签完合同后，再去想产品要做成什么样，是在一张白纸上摸索着绘画。

铁道部只是提了客运专线的技术需求，但具体该提供怎样的列控设备？如何修改之前“4·18”大提速的系统？各个功能怎么实现？这些都要求参与者自己去细化，去设计，然后一步一步做出来。

参与客专项目的公司，除了有和利时，还有一家同行也态度积极地参与其中。在客专招标中，和利时拿到了合宁线（合肥到南京），另一家同行拿到合武线（合肥到武汉）。但有竞争关系的两家公司各有各的设计思想，产品思路不完全一样。加之，没有详细标准的限制，双方在需要实现的功能上分歧不断。

但这会阻挡和利时的脚步吗？显然不会！

没有标准，就是最高的标准。从项目开始到正式通车，整整一年的时间里，七八个人的小团队，每一个人都为了这个共同的目标，完全牺牲了自己的个人生活，只为把客专列控系统做出来。

“必须攻克这个难关！这是国内第一条客专，我们是在创造历史。”客专项目小组靠着这种信念，彼此支撑，彼此鼓励。

一个没有荣誉感的团队是没有希望的团队，即使有千万种规章制度或要求，一个员工也不可能把自己的工作做到完美，他可能会对某些要求不理解，或认为是多余而觉得厌倦、麻烦。荣誉感，而非实力，是一个团队战斗力的前提。因为，有了荣誉感，实力才会发挥作用，而有了荣誉感加持的实力，最终收获荣誉，也就是实至名归。

王常力也经常鼓励和利时的员工：大家之所以聚集在和利时，我相信大家都有一份荣誉感，因为我们在从事一件推动中国产业升级的工作。我们的工作得到了那么多用户、专家和领导的认可与高度评价，难道不值得骄傲吗？我们要珍惜这份荣誉。我相信我们努力工作的结果将会换取更高的荣誉和自豪。

将荣誉感内化为奋斗情怀的客专小组，愈战愈勇。“当时我们都吃住在公司。在公司办公室搭几个凳子就睡了。经常一个月不回家，衣服都是家人带过来。甚至有别的部门同事说，你衣服我帮你拿回家洗。大家一心都扑在这个项目上。”当时客专小组一名普通的开发成员，谈起那一年的高强度工作，她略显激动。“因为白天我们做好准备工作之后，晚上就要去现场实验，有问题随时改，所以大家都不能回家。现场调试有问题了，你在家里修改不了，一天的天窗时间点就被浪费了。”

客专项目对和利时、客户方、现场的施工单位来说，都是第一次前所未有的挑战。大家都是摸索着前进，一起完成的开创性项目。而且，这个项目也是检验和利时技术消化、吸收水平的试金石。为客户提供专业、先进的方案，为用户创造价值是和利时永恒的主题，和利时就是要在满足客户需求基础上，为其提供全生命周期解决方案。这样的方案既要能满足当前的需求，也要能满足和引领客户未来的需求，而且还包含了先进的产品及服务。项目组所有人都憋着一口气，想要把和利时第一套自主研发的客专列控系统漂漂亮亮的运用在合宁线上。

但客专项目，每个环节都是难关。

因为“列控中心”是中国特有的产品，既没有海外经验可以借鉴，又在很多方面没有规范或者规范不清。所以，当时合宁工程被大家戏称为“三边工程”——边设计，边施工，边研发。

时间紧、任务重暂且不说，更关键的是和利时团队成员对实现路径毫无头绪。在从0到1的过程里，团队成员们不停地看书、查资料、找专家确认。在高强度的压力下，大家全凭着要做出第一条客专的情怀支撑。“记得我们组有个小姑娘刚回家，但试验出了问题，半夜十二点多又打电话把她叫回来。她上车就跟出租车司机说，我去‘三十里堡’，搞得司机哭笑不得——那是合宁线上一个站点的名字。当时，大家真的是满脑子只剩项目了。”团队成员笑着回忆道。

难度空前，参与者却反倒为之感到骄傲。所谓“意义是新的货币”，对于员工而言，工作不仅是一份获得收入的来源，他们更希望能够在工作中获得成就感，收获工作的意义。这份意义也支撑着他们在无悔地拼搏和奋进着。

终于，在全组人员几乎不眠不休的努力下，产品出炉——客专列控中心TCC诞生了！

经过多年的摸爬滚打，和利时已经掌握了产品设计路径，所以能够以自己的理解产生出新的知识和技能。此前，他们一直在储备，只是还缺乏完整的开发经验。所以，当和利时以第六次提速的信号产品为基础，自主开发新产品的时候，“以我为主，博采众长，融合提炼，自成一家”再次发挥了作用。和利时硬是自己设计、开发、配置数据、测试、安装，从头到尾把一套设备研发了出来。

不同于大提速中的列控中心，客专列控中心真正实现了区间方向控制、区间信号机点灯控制、轨道电路状态判断与编码控制等重要安全控制功能。而且，不同设备可以通过数据网进行安全信息交换，TCC作为安全中枢，真正成为了地面控制的核心。

产品到位，下一步就是“见公婆”了。

在审查阶段，铁道部要求搭建统一的试验环境，将和利时和另一家同行的产品一起做技术审查。因为另一家同行有轨道电路，但和利时没有，所以测试场就搭在了同行那里。和利时预料到客场作战，肯定会有诸多不便，但还是低估了那次测试的难度，事情的进展极不顺利。

好不容易争取到了测试的机会，但白天测试台一直在使用，和利时只能每天晚上做测试，测试时间极短。

连着熬了几个通宵之后，一位技术负责人眼睛都睁不开了。当时已经很多年不写代码的何春明对他说：“你去歇会儿，我来。”然后在纸上写了几行逻辑，用“伪代码”的方式把应该怎么做写好。再照着这个逻辑编了100多行代码，实现了一个很复杂的功能。

这100多行代码实现的功能就是“三点检查”，这是铁路联锁中的一个术语，是证明车从前面来，进入到这里，又走到下一段去并离开了这一段，之后这一段就可以解锁了。这个功能是用来保证一段轨道在解锁前万无一失。现在和利时的系统里还有那100多行代码，仍旧非常好用。

这个突破也得到了同行的高度赞许，因为和利时不仅解决了问题，并且用特别简洁的办法就实现了这个复杂的功能。

但没想到的是，由于测试时间太短，导致测试结果不尽如人意。

第一次专家审查，和利时和同行的产品都出现了很多问题。铁道部领导对这样的测试结果很不满意，对两家说：“这样不行！你们两家都把问题解决完，重新再测。”

于是，客专项目小组成员们就“扎根”在测试场所边上的小旅馆，又连续干了几个通宵，逐个修改一个个问题，实在困得不行就在沙发上眯一小会儿。

虽然过程艰难，但和利时最终把所有功能，一个一个全都实现了，所有问题也都解决了。第二次审查，和利时顺利通过了专家测试。

彼时，在浓郁的理想主义色彩下，和利时团队接业务时并没有SWOT分析，更谈不上量化分析，但是有无穷的勇气和信心，去开拓、去创新，也在这个过程中成就了自己。

但问题接踵而至，团队成员们完成测试后还没来得及松一口气，又遇到了施工障碍。

2008年初，南方大雪，现场因为雪太大而无法施工。当时，暴雪突降合肥，对施工造成了很大影响。但恶劣天气依然不能阻挡和利时前进的脚步，他们配合施工方追赶进度，直到2008年4月18日，中国第一条客运专线——合宁铁路，按时开通。

作为我国首批客运专线中最早的一条线路，合宁铁路对列控系统的优化改进，为后来者提供了可学习和借鉴的样本。在研发过程中，形成的客专CTCS–2列控系统系列标准规范和系统设备，构成了中国高标准客专和高铁列控系统中的重要组成部分。

之后，在合宁线的基础上，和利时又将产品进行了大量的升级改造，以适应更多的国内客运专线。随着客专列控系统标准越来越成熟，全国几十条客运专线都应用了这套产品。列控中心也成为了和利时的核心主力产品，目前已有1000多个车站在使用这套设备。

对和利时团队来说，合宁铁路项目的经历称得上刻骨铭心。通过这个项目，和利时的技术水平有了重大提升，树立了稳固的行业地位。他们更以此为契机，成长为中国铁路列控设备的核心供货商之一。

同年，和利时相继签订新建铁路郑州至西安客运专线、新建铁路广深港客运专线广深段列控车载及地面(RBC)设备采购项目，开始在CTCS–3级客专领域里大显身手。

从中我们可以看出，和利时团队的成功，靠的就是处处留心、终生学习，靠的是“一万小时定律”。

“一万小时定律”是著名作家格拉德威尔在《异类》一书中指出的定律：人们眼中的天才之所以卓越非凡，并非天资超人一等，而是付出了持续不断的努力。一万小时的锤炼是任何人从平凡变成世界级大师的必要条件。

和利时团队在无形中，其实一直在践行着这个定律。事实上，“如果拥有强烈的热情和激情，那么不管是睡着还是醒着，从早到晚，整天都会冥思苦想。这样一来，愿望就会渗透到潜意识，在不知不觉中朝着实现这个愿望的方向前进，让一个人走向成功”——面对困难无所畏惧的和利时团队，其实就是稻盛和夫所描绘的这一类人。

第3章

跃起

夯实基本功

350公里!

火车，二百年来深刻地改变着人们的生活方式。

1830年，利物浦到曼彻斯特铁路的开通，改变了伦敦人的食谱，鱼肉、蔬菜、奶制品开始走入普通伦敦市民的家庭，这些新鲜食品给伦敦市民带来了饮食革命。美国早期铁路的昵称也明证着它对生活的改变，卡姆登—安柏伊铁路被称为“豌豆线”，因为它使纽约人能够吃到来自新泽西的新鲜蔬菜。

在中国，高速铁路对生活便利度的提高同样如此。高铁出现之前，探亲访友还是一件让人头疼的事情。当时郑州到西安的普通列车，需要五六个小时甚至更长时间。但现在乘坐高铁，可能两个半小时就到了。显然，在当前中国，1000公里内的出行，高铁已成为优先于飞机的选项。1000公里，高铁需要三个半小时到四小时之间，但没有到机场的时间成本、距离成本，还有天气影响成本，比飞机方便得多。陡然提升的火车速度，改变了国人对火车出行不便的刻板印象，也让国人的异地工作、异地消费变得稀松平常。但中国铁路对速度的追求，并没有随着时速200公里动车的开通而停止。

第六次大提速顺利实施之后，国家马上启动了350公里高铁的研发。

2008年，铁道部组织专家学者和核心供应商组成技术攻关组，共同制定CTCS–3级列控系统技术体系与规范。和利时作为列控信号核心供货商，被选入技术攻关组，继续为推动350公里的技术引进和国产化贡献力量。

通过第六次大提速，铁道部看到了和利时的技术实力，认可了和利时在第六次提速中的贡献。所以，在350公里的项目中，和利时被寄予厚望，主管部门将郑西铁路与广深港铁路广深段两个项目同时交给了和利时。

面对主管部门的信任，和利时一时犯了难。同时承接两个如此重要的项目，就意味着要分兵作战，这对人手本来就不宽裕的和利时来说，无疑是重大挑战。

和利时把开发人员分成了两组，一个欧洲团队，与意大利安萨尔多合作；一个日本团队，与日本日立合作。因为人手紧缺，两个团队都不得不加班加点，以高强度工作弥补人手上的不足。“当时徐悦坐镇总指挥，技术团队兵分两路，我带一队人和安萨尔多负责郑西铁路，要引进全新的车载ATP和地面RBC。李智带一队人与日立合作，负责广深港铁路，要和日立联合开发CTCS–3级列控系统。”团队成员回忆说。

如此双线并进，和利时同时学习了两家的长处，全面提升了和利时的技术水平。

在与安萨尔多合作的过程中，和利时欧洲团队开阔了眼界。意大利人性格自由奔放，这种风格也让他们的产品灵活性较强，模块化做得特别好，可以基于他们提供的产品，衍生出很多内容。而和利时日本团队再次感悟了日企严谨的工作作风和对产品百分百负责的态度。于是，以更为开阔的眼光，更加认真的态度，和利时择其善者而从之，在时速350公里的项目研发上继续前进。

2010年2月6日，郑西铁路正式开通运营；2011年12月26日，广深港高速铁路广深段通车运营。

值得一提的是，和利时不仅仅交付了列控系统，还在用户的要求和组织下，完成了系统的互联互通开发和试验——这意味着在中国，所有的车都可以跨线路畅通无阻地行驶。

这件听起来“理所当然”的事，实现起来并不容易。中国先后引进了日立、安萨尔多、庞巴迪三个平台的列控设备和技术，但这三个平台来自不同国家和地区，彼此并不完全兼容。车载设备跟地面设备是一个整体，可以彼此识别。但问题是，不同平台的车载设备怎么和不同的地面有效连接？

要实现所有的车能跑所有的地面，就意味着各家不同的地面标准要实现互联、互通、互融。也就是说，要保证来自不同公司的设备之间，有统一的通信标准，平台间可以无障碍地互相通信。为实现高铁地面随便建，列车随便跑，和利时与通号一同进行了大量的研发、实验和调整。

中国独特的自然环境决定了，没有任何一个外国产品拿过来就可以在中国使用，所以任何引进的技术都必须接受适应性改造或者重新设计。因此，“复制”是行不通的。事实上，如果中国企业自主对引进系统进行适应性改造，工作难度已经非常接近于从头开发新产品，两者所要求的技术过程相差无几。所以，对于国内铁路信号企业来说，自主化是一个必然的结果。

其实在时速200公里列控车载领域节节胜利后，和利时轨道交通事业部就将目光转向了更远的高处——自主化。

实际上，和利时的自主化节奏，应该是整个中国信号领域里最快的。为什么这么说？因为和利时集团是一个技术型公司，有包括硬件、软件、系统总线在内的综合技术。对于消化和吸收新技术，他们有着天然的优势和基础。在日立转让200公里技术之后，和利时就开始基于日立的技术平台做功能移植，生产了第一套自主化平台车载设备。当时生产的设备，现在还摆放在和利时集团的展厅中。

这些年来，在国内高铁行业，技术进步的速度很快。尤其是进入350公里之后，中国已经在技术上走到了世界前列，甚至在某些方面慢慢超越之前的技术强国欧洲、日本。从最初求着外方学技术，逐步发展为用中国自己的技术替代海外技术。几年间，国内铁路信号企业从引进、吸收、学习，逐步实现了自主替代。

从最初的“人有我无”，到现在的“我有人无”。和利时的进步，离不开中国信号行业的整体发展，与中国广建高铁的大背景。得益于中国“八纵八横”高速铁路网的建设，信号系统有大量机会一遍一遍地验证——这在海外，是不可想象的。

长度空前的高铁线路，对技术创新也产生了空前的压力和动力。国外的高铁线路较短，再加上需求有限，所以列车的连续运行时间较短，如国外的高速列车一次连续运行时间只有几小时。相比之下，即使是350公里的高铁在京沪高铁线上跑一趟也需4个多小时。2298公里的京广高铁、2252公里的沪昆高铁、921公里的哈大高铁，每一条线路的长度都超过世界上其他国家的任何高铁线路。长时间连续运行和短时间运行对列车的技术要求是不一样的：长时间运行就要求列车具有长时间工作的可靠性，这也对信号系统提出了更高的要求。

而且，中国的交通枢纽相对复杂，例如郑州有8个方向的铁路线交错，东西陇海线、南北京广线，其他方向则是陕西和安徽，郑州和湖北。但无论是欧洲还是日本，都没有这么复杂的交通枢纽。所以，如何解决复杂情况下的信号控制，他们并没有太多经验。而中国信号企业在不断解决问题的过程中，厚积薄发，逐渐完善丰富了自己的技术体系和运营场景——此时，和利时已经可以自己迈步向前了。

2004年，中国在引进高速列车技术时，日本川崎重工总裁大桥忠晴曾劝告中方技术人员：不要操之过急，要用16年对引进的技术进行消化和吸收，即8年消化、8年吸收，然后才能达到可以创新的阶段。但仅仅6年之后，中国自主研发的380A不但已经在当时运营里程最长的京沪高铁线路上投入运营，而且被公认是当时世界上最先进的车型。中国的高铁制造企业已经开始与日本高铁企业在全球角逐订单了。在此期间，包括和利时在内的国内铁路信号企业，同步地成长了起来。

满载大米的高铁

一辆满载大米的高铁，正在从郑州向西安飞驰。这是350公里提速的测试车，这样的模拟载客测试已经进行了一个月。

对高铁而言，安全顺利的开通至关重要。在保证时间节点的前提下，要尽可能把试验时间拉长，以进行充分的线路试验。所以，在开通前的一个月，郑西高铁都在模拟真实运营场景做开通测试，以检验系统是否能够满足运行要求。试运行不能载客，但要模拟载满乘客的场景，于是，试验人员给动车装了一整车大米做配重，让其在郑西铁路上反复穿梭。

项目小组有成员当时一直在跟车测试。“我们早上5∶00上车之后，就一直跟车来回跑。拿数据、分析问题，直到晚上11点左右下车。下车之后就立刻开会，通知施工单位哪些地方需要修改，施工单位再连夜修改。”

不难看出，这是系统测试的“规定动作”，但强度更大。国外开通线路，一般从试验到开通需要一年时间，基本白天跑8个小时就下班回家了。但当时郑西铁路要把所有实验项目都在有限时间内做完，工作的强度、力度都特别大。之所以这么快节奏，是因为铁道部要求郑西铁路在当年春运之前必须开通。项目试验从2009年11月正式开始，到2010年2月过春节，总共只有三个多月的时间供测试，时间非常紧迫。

考虑到疲劳驾驶的危险，高铁驾驶司机实行三班倒制，每5个小时司机会换岗。但是和利时团队只有一拨人，反复安装、调试、实验，大家基本都是连轴转。

虽然时间紧迫，但需要测试的适应性修改并不少。郑西铁路引进的是安萨尔多的列控系统，因为欧洲的技术符合的是欧洲标准，适应的是欧洲环境。但国内CTCS–3技术，也就是350公里的技术，要符合铁道部的标准。所以，和利时团队对欧洲技术进行了很多适应中国国情的改动。

那些为适配中国标准进行的改动是否影响系统正常运行，是否真的适合中国铁路情况，都需要不断测试、调整、验证。而且，这个过程没有任何捷径可走，只能踏踏实实按部就班的验证。

其实相比之前200公里的时候，这次的350公里提速，和利时虽然不再是没经验的新兵，但350公里的技术增加了无线通信技术的引入，系统复杂度更高，和利时面临的挑战更多了。这一路的艰辛，可想而知。

时间紧、任务重的情况下，和利时还要应对外方对技术转让设置的障碍——防着和利时掌握技术。

但明确了目标不代表马上就能成功，因为还缺少重要的一环——坚持。优秀的人之所以优秀，往往源于他们的坚持。忍耐和坚持当然是痛苦的，但甜美的果实往往包裹在苦涩的外壳里。

在开发测试阶段，郑西项目小组的成员又进入了“保证每天两小时睡眠”的非常时期。对此，当时任职执行项目经理的汪小亮回忆说：“当时我们每天都是晚上跟车，早上开会。上午写代码调试整改，下午做一些协调和其他工作，基本就只能睡两个小时。”

“从郑州到西安单程是2小时，中间休息1小时，一个往返就是5小时。一天跑3个来回。”平时一般坐高铁7、8个小时算很长了，一天在车上待16、17个小时，到最后是想吐的。”他说。

因为白天动车要正常运营，所以晚上才能“添乘”做实验。所谓“添乘”就是人跟车跑，然后记录行进过程中的问题，并对动车司机提供一些现场指导。第二天一早开会，把前一天晚上所有的问题分析一遍。如果是软件问题就立刻自己修改，如果是数据或其他问题就立刻通知施工单位利用动车的天窗时间修改。

“最累的时候到什么程度？”小组成员感慨道，“全国甚至全世界都不可能有人再来第二次，我们再做一次都会疯掉！”

安萨尔多的工作人员一天两班倒，一拨人待够六小时，就下班走了。然后，换另一拨人继续工作。但和利时团队是同一拨人，从头跟到尾。除了身体的疲惫，还有精神的紧张，两个月的高强度实验结束后，大家都人困马乏了。“那时想法很简单，就是想把事干好，也没在乎苦和累。累肯定会累，当时躺下就能睡着。”

当时铁道部希望将武广高铁打造成350公里的标杆项目，所以，主管部门对武广高铁给予高度重视，将大部分各种资源倾注在那里。因此，郑西线上的试验难免有所滞后。好在经过了第六次大提速和客专的历练，和利时的技术水平已经从新手跃升为专家。测试车第一趟跑得就特别顺，没有什么故障。各方都特别吃惊地说：和利时干得这么好呢！

郑西铁路正式开通运营当晚，最后一列车返回郑州入库后，高铁司机给小组成员发了一条短信：今天结束了，挺顺利！

郑西项目小组成员提着的心终于放下，高高兴兴的出门庆祝。但左找右找，都没有找到能吃饭的地方。当天是大年三十，街上没有一家饭店开门。最后，几个人在唯一一家还开着门的KTV里吃了自助餐，就这样迎来了农历新年。

吃过简单的年夜饭后，郑西小组成员们又回到了工作岗位。从大年初一到正月十五，他们一直在原地值守了半个月。在之后的三个月里，郑西小组成员也一直处于随时提供保障的状态。

付出总有回报，项目顺利完成之后，郑州铁路局对和利时的工作高度认可。“他们觉得我们这个团队特别有战斗力，客户有什么困难，我们都会积极、迅速地解决。我们首先不会想自己有多少困难，一直都是随时响应用户。”徐悦说。

和利时始终以客户为中心，提供专业、高效的服务。不光态度积极，更重要的是技术到位。从第六次提速开始，即使是业内的专业设计人员，或者是应用这套系统的主管领导，在实际使用的过程中，还是有一些地方不太明白。有时候他们只知道技术规范的要求，却不知道为什么要这么规定。但参与了列控标准制定的和利时专家知其然，同样知其所以然，“我们知道当时讨论的时候，是基于什么考量写了这么一句话，做出这样的一个规定。当他们询问时，我们就能讲出背后有什么样的考虑。所以，他们觉得，问和利时就能解决问题。”

可以说，和利时在行业里的被认可，是技术和服务这两条腿支撑起来的。正如王常力曾在某年的新春寄语中给全体和利时员工所写的：“我们遇到任何问题时积极想办法，克服任何困难，完成任务，从而提高解决问题的能力和建立信任。如此，我们的事业必然蒸蒸日上。”

一块控制板都没换过的广深铁路

2008年9月5日，北京通用技术大厦的一间会议室掌声不断，气氛隆重热烈。和利时、日立共同与广深港客运专线公司和通号集团签订了“新建铁路广深港客运专线广深段列控车载及地面 (RBC) 设备合同”。这是继2008年6月27日，和利时公司获得“新建铁路郑州至西安客运专线列控车载及地面(RBC) 设备合同”后，签订的又一个新建高速铁路项目。

广深段继续走技术引进、消化、吸收的路线，在外方设计资料、设计引导下，和利时学习设计原理，然后再做自主化系统的研发。但因为与郑西铁路的开工时间有重叠，所以广深铁路首先面临的困难就是：技术力量不足。

“好多原来和我一块做项目的兄弟们都去郑西项目了，我得带着新人一块来做。”时任广深铁路项目经理的李智说，因为对和利时来说，郑西铁路同样是重大项目，而且郑西项目先启动，部门经理、技术骨干基本上全抽到郑西项目中去了。到广深铁路开始的时候，可抽调的技术人员就没那么多了。

而且，外方还有保密的要求。

因为和利时同时和安萨尔多和日立两家合作，欧洲企业显然不情愿技术被日本企业学走，日本企业也不愿自己的技术被透露给欧洲企业。所以他们对和利时有一个共同要求：团队成员不能互相更换。和利时要遵守商业信誉，不允许这么做，但这直接影响了项目的进展，让本就不充足的人手更加捉襟见肘。

更加麻烦的是，这些极有限的人手需要和日立联合研发新系统。

欧洲企业有成熟的时速350公里的高铁技术。在郑西铁路项目进展过程中，和利时遇到难题，可以在外方那里找到解决方案。所以，对和利时欧洲团队来说，认真学习就行了。

但在时速350公里的高铁技术方面，日立同国内企业一样没有做过的时速350公里的高铁。和利时要与日立一起参照欧洲的标准，进行适应性的修改，一起研究和开发适应中国环境的新系统。

技术标准就在那里，做过的人和没做过的人在处理具体问题时必然是不一样的。遇到技术障碍，做过的人就知道怎么处理，但都没做过欧洲标准时速350公里的日立与和利时，要一起研究标准为什么这样制定，当时，和利时团队与日立方面的日常工作就是，遇到困难，一起琢磨系统设计，一起讨论开发。

所幸，经过200公里项目的洗礼，和利时与日立已经度过了最初的艰难磨合阶段，习惯了彼此的工作方法，合作日渐顺畅，开发进度喜人。

但在广深铁路项目联合开发的过程中，一部分功能由日立独立完成，一部分需要和利时自己完成。两家各自做好自己的部分之后，再组合到一起形成成品。

“我们全面负责的时候，日立不会过多干预。我们要自己有担当，要保证技术出来是没有问题的，所以责任和压力都很大。”项目成员说，和利时要从头开发，做出的产品还得让用户挑不出毛病。用户不会因为信号系统是新研发出来的而接受次品，和利时也没有理由以此为借口。

王常力常教导和利时人，如果在工作中以某种借口为自己的过错和应负的责任开脱，第一次你可能会沉浸在借口为自己带来的暂时的舒适和安全之中而不自知。但是，这种借口所带来的“好处”会让你第二次、第三次为自己去寻找借口，因为在你的思想里，你已经接受了这种寻找借口的行为。不幸的是，你很可能就会形成一种寻找借口的习惯。这是一种十分可怕的、消极的心理习惯，它会让你的工作变得拖沓而没有效率，会让你变得消极而最终一事无成。

广深铁路团队没给自己找任何借口，一步一个脚印地做好开发中的每一个环节。逐渐地，他们对产品的理解变得深刻，甚至在某些方面一跃成为专家。

从零基础到给业内人士挑错，和利时人再一次展现了非凡的学习能力。和利时公司是一批书生创办的，有着知识分子独有的学习文化，员工的学习激情、水平和氛围极为浓郁，因而和利时始终保有强大的创新能力。

也正是这种学习精神支持了和利时通过了信号史上最严格和全面的测试——广深铁路信号测试。

即使在如此细致又严格的审查下，广深铁路的第二次列控系统评估也并未出现任问题。这离不开和利时的努力，也离不开日立的细致。

在现场安装设备的时候，施工单位已经铺好地柜，每个柜子预制了4个地脚螺栓。日立负责结构的技术人员拿着专门的卡尺一个一个测量用来固定机柜的螺栓，他们发现螺栓是10毫米的，就问施工单位："设计图纸上明明标注使用12毫米的螺栓，为什么现场是10毫米？"

实际上，10毫米和12毫米，肉眼看不出什么差别。施工单位方面说："我们装的都是这种规格的，10毫米的行不行？"

日立的技术人员没有立刻回复施工方，在现场开始计算。时间一分一秒地过去，就在大家等得有些不耐烦的时候，他说："不行！要换成12毫米的。根据我计算的结果，这个机柜太高，重量也比较沉，当发生剧烈地震时，螺栓肯定是会断裂的。"

施工单位负责人是广州当地人，解释说："我们这儿从不地震，能不能不换螺栓了？因为地柜都是预制的化学锚栓，不是膨胀螺栓，如果更换螺栓，需要将地柜整体拆除，非常麻烦不说，还会耽误2天工期。"

但日立技术人员还是拒绝了施工单位的请求："不行，必须更换，多少天都可以等。我不清楚这里会不会发生地震，但我要保证如果这里发生大地震，这个设备足以抵抗地震。"

所以，在日立的坚持下，施工单位把所有的地柜螺母全部锯掉，然后另外换一个位置，再重新安装了12毫米的螺栓。

日立的技术人员看着换好的螺母说道："将来这个地区如果发生大地震，即便所有的机柜都倒了，我们这二个机柜也不会倒。"

出事之前做好防备，而不是事后弥补，这是和利时从日立方面学到的远离安全风险的理念。用10毫米的螺栓，地柜也许不会倒，但是用12毫米的螺栓地柜就距离危险更远。

较真的本质不是较劲，而是认真。而认真以及持续的认真，又如何才能做到？认真过程中必然的消耗和额外的代价，又靠什么弥补？靠对背后意义的深入理解。认真，是死磕的态度，但更是一种基于理解并养成责任之后的态度。

2011年12月26日，广深港客运专线广深段正式开通。开通至今，已有十余年，品质过关，几乎零故障。和利时始坚持为用户创造价值，为客户提供过程完整、结果可控、质量可信、安全可靠的产品与服务。很多人之所以优秀，不仅是因为他们有技巧、有经验，掌握了做事的方法，更重要的是他们严谨认真的工作态度和敬业精神。当一个企业的员工都本着这种较真的精神做事，产品品质必然无可挑剔。

我们不同意

北京十三陵边上的一个度假村里，和利时的港铁项目小组正在"闭关"做投标技术方案。十几个人除了吃饭、休息，就是一同在会议室工作。

港铁项目是广深港客运专线的香港段。虽然港铁项目是广深港项目从深圳到香港的延伸，但是香港段的所有组织、建设工作全由香港负责，其法律体系、技术标准、管理方式都与内地不一样，所以港铁项目相当于“海外项目”，这在信号项目里算是很大的项目。这也是和利时第一次以总集成商的身份，承接一个大的集成项目。所以，和利时方面非常重视。

但在港铁的投标文件中，和利时破天荒地对港铁技术标准提出了几十条不同意见。

甲方招标，无论是技术还是商务，供应商都会全力满足甲方要求。但和利时并没有，当时进行撰写标书的团队成员说：“和利时在投标文件中直白的说明，这一条不同意，那一条不同意，这个不能这么干，那个不能那么干。而且，和利时不仅对技术指标提否定意见，对商务条件也提出不同意见。我们不理解的地方就说出来，我们不懂的地方也提前说明。”

和利时为何如此不走寻常路？

其实，和利时当时的想法很朴素——风控。因为香港的法律体系跟内地不一样，和利时毫无经验又没有任何可以借力的地方。能做的就是做好风险控制，不留任何破绽。

和利时这种有一说一的风格，不仅没有将项目搞砸，反而赢得了尊重。香港业主不仅没有将和利时“踢出局”，还对和利时大加赞赏：“我们从来没有遇到过对我们说‘不’的竞标公司。你们是第一家敢对我们的技术文件，提出几十个不同意的厂商。我们认可你们的专业度和诚实的品质。”

将自己的能力边界如实告诉用户，有没有风险？当然有，用户可能会被尽力满足客户需求的竞争对手抢走。但把自己做不到的事如实告诉用户，更是对客户的负责和对自己的保护。查理·芒格说过，如果你确有能力，你就会非常清楚自己能力圈的边界在哪里。该自己做的事情，依赖于别人，就会失控；但自己做不好的事情撸着袖子上，可能就会深陷被动，甚至把自己拖垮。刘慈欣在《三体》中提到的“降维打击”就是如此，如果敌人比我们高一个维度，我们要战胜他们，几乎是做不到的。不如在最初就亮明自己的边界，为自己留有余地。

后来，将自己的能力边界告诉甲方客户，成为和利时与海外客户打交道时秉承的“基本原则”。“我们跟中东、泰国做业务的时候，都是提前把事情说清楚。”汪小亮说，“大部分客户都是耳目一新，说你们和利时真的是挺认真挺不一样的！你们做不到就说，但你们交的作业非常完整、非常优秀。”

其实，在和港铁交涉的过程中，和利时敢于指出问题，最主要的原因是和利时对自己的技术有信心。当时和利时参与的时速350公里高铁——郑西铁路，已经顺利通车。他们很清楚港铁参照的欧标技术标准，在实际运行中有很多需要修改的地方来适应中国的实际情况。而且，和利时并没有沉浸在既有的成绩里裹足不前，在港铁的投标文件中，他们认真提出针对香港具体特点的信号方案。所以，他们敢直接跟客户“叫板”。

交完标书后，参与竞标的公司都有两个月的“答辩时间”。港铁招标组会按正式程序就标书内容提出问题，竞标公司回答。和利时借此机会解释了为什么提出那么多的“不同意”，同时又提出了相应的解决方案。去“答辩”的团队成员说：“和利时提的建议，有一半以上，他们都接受了。”

最终，和利时以其在广深铁路信号产品的稳定表现，一举中标香港地铁公司信号车载和地面设备的总集成商。打败了西门子、安萨尔多等有着悠久历史的信号大厂，拿下了广深港香港段项目。

和利时出人意料地赢得竞标，足以证明技术上走在了行业前列。今天，中国高铁营业里程已经占世界高铁总里程的2/3，中国成为世界上高铁里程最长、运输密度最高、成网运营场景最复杂的国家；中国高铁的动车组已成为中国铁路客运的主渠道，而且其安全可靠性和运输效率世界领先；中国高铁装备工业的规模世界第一，大规模应用高铁技术的经验世界第一，经过实际研发锻炼的人才队伍比其他国家的总和还多。在高铁领域，中国公司已经具备了让人不能忽视的实力——这其中，也有和利时的力量！

能做到是需要证明的

清晨6：30，深圳通往香港的海关刚开门，和利时广深港香港段项目一行人就已经在排队等待过关了。

2012年，和利时第一次以承包商的身份承接了广深港项目香港段。为了节省开支，团队成员都住在深圳临时租来的宿舍，每天往返深圳与香港。

“当时租的房子很小，我们几个人轮流用一张床，谁到深圳工作的时候，谁就把别人的被褥叠好放在柜子里，然后把自己放在柜子里的被褥铺到床上。”时任广深港项目总工程师回忆道：“当时条件确实艰苦，但大家都毫无怨言，每天早上一起背着电脑过海关去香港，晚上再一起回来。”

“我们白天跟港铁工程师沟通，晚上大家一起讨论文件、讨论问题。讨论到夜里12点、1点是常有的事，也基本上没有周六日，大多数时间都沉浸在项目里。”当时担任执行项目副经理感慨，为什么当时那么累？因为要准备的文件超乎想象。

按照内地的做法，一条线投入几个总工编资料就足够了，但到了港铁项目，这样的人员配置完全不够了。香港的体系标准完全承袭欧洲，管理方式与内地也不同，项目中所有的细枝末节全部需要提供验证资料。“我们压力特别大，港铁质量工程师要的东西太多了。”他说。例如，最常见的电缆，在以往的项目中，只需要将涂层喷涂好就可以了。但港铁要求，电缆的低烟、阻燃等功能必须有验证报告。而且，必须是在港铁认可的第三方独立机构中做的相关实验。这就不再是简单的喷涂了，工作量直接呈几何倍数上升。

最后，和利时甚至配备了专门的工程师对接资料。“最开始接广深港项目的时候，没有预料到会有那么多困难。”他说，要验证的细节太多了，文件资料摞起来能有一人高。港铁这套质量管理方式对和利时产生了巨大冲击。“后来我们做事也想，这件事我说我能做到，你相信吗？你怎么相信我一定能做到？‘能做到’是需要证明的。”

在港铁项目中，和利时作为总集成商，除了自己提供产品，还有三十多个分包供应商提供产品。如何让分包商很好地配合工作，按照港铁要求供货？和利时团队也专门设计了策略：几乎在每个子系统里，和利时都有一个专门的工程师跟港铁和分包供应商沟通、传达对接。

与此同时，和利时投入了非常大的精力做技术的交流沟通，做产品质量验证的对接，做过程的管控。尤其，港铁工程师对过程管控的要求，在项目管理上给了和利时很深的启发。

比如，与供应商约定10月1号发货。以往国内的生产，往往是供应商一看离发货还有两个月，不一定着急生产，优先做其他订单。9月1号再开始生产，甚至9月15号才开始加班加点的赶工。但生产中间不可控的因素太多了，怎么能保证一定没问题呢？

与内地的批量生产，谁要给谁，谁着急谁拿走的风格完全不同。香港用一套完善的流程管控体系，严格限制了产品的生产过程。港铁的质监部门把整个生产环节分成好多个时间节点，每一个节点都进行审计，让供应商提供证据，用现场监测的方法保证生产进度。

备料完成了，就提交备料采购合同；生产按计划进行了，就提供产品报告。不仅要提交报告文件，还要进行实地抽检。是不是真的在生产？是不是在给这个项目生产？有没有把给这个项目生产的产品，挪到其他更着急的项目中？最终得到的成品与提交的报告是不是一致？在整个生产过程中，从头到尾都有严格的把控。最后的结果就是你想偷懒都做不到，因为调整节奏的成本太高了。

从原料备料，到生产报告，再到质量检验，生产中条条框框的限制和束缚，最终保障了产品品质。而且，这样生产出的产品，有很强的唯一性——只能给我用，别人也用不上，更换的成本还特别高。

在质量管理中，过程控制是非常重要的概念。王常力曾不断强调："质量管理是管理过程，我们必须首先学会控制过程。"低质量过程生产出高质量的产品是偶然的，但高质量的过程产出高质量的产品是必然的。严格的过程管控，是品质恒定的保障，而这正是安全产品最需要的。

港铁对过程控制的精确管理，在合同中规定的无数细节里可以窥豹一斑。和利时在与港铁签订的合同中，约定了几十个交付时间，甚至对于分包管理的合同签订时间，哪个战略设备什么时间到货，都做了详细的规定。整个项目一共分了50多个里程碑，一个里程就是一个时间节点。而且，如果发生延期，会有罚则。在内地做项目，延期或滞后几天，客户不会真的追究。但在香港，合同里写了的事情就必须要做到，做不到得找出证据说明原因，否则就要承担罚款。

这并非是港铁蛮不讲理，时任广深港项目总工程师说“港铁其实是最讲理的甲方！”

港铁团队的做事风格就是完全按照合约办事，合约上规定不能做的，肯定不会做。而合约上规定要做的条款，也会执行得非常严格，堪称一丝不苟。

广深港香港段项目是香港第一条高铁，以前香港是没有高铁的。所以，这方面经验并不丰富的港铁工程师，很依赖合约标准，完全按照合约的条款考察和利时的技术。港铁工程师要求和利时按照合约规定，一条功能、一条功能比对着讲解，把逻辑说得清清楚楚、明明白白。

“这种极强的合约精神是让我特别佩服的一点。”她说，“他们把一个完全不懂的东西，用打破砂锅问到底的方式，通过你的讲解，做到真正的理解。等到他们完全将陌生的东西吃透，甚至有时会结合过往的经验，反过来跟你PK。”

因为港铁方面高度严谨的态度，和利时团队也拿出与之相应的认真与仔细，积极应对港铁的提问。但即使是百分百认真的准备，和利时在提供设计交付系统的过程中，还是经常被折磨得“遍体鳞伤”，有时甚至难以招架。

但和利时人的风格一直是迎难而上，在满足客户所有合约要求的情况下，整个广深港项目团队积极热情地加班、写文档、开会讨论，甚至请外部专家咨询，以全方位为香港团队讲解技术难点，尽量让他们百分之百清楚。遇到不知道怎么实现的需求，他们就逐个拜访每一位专家，再把各位专家的建议综合到一起，结合过往经验，慢慢探索解决途径。

显然，面对层出不穷的新问题，何以解忧？唯有学习！

客户基于合同办事的态度，也让和利时的整个技术团队养成了做事坚韧不拔，遇到困难积极想办解决以满足用户需求的习惯。这也渐渐成为了和利时人的共同理念，流进了和利时人的血液中。和利时人确实善于学习，从日立和港铁身上，他们都学到了很多终身受用的优秀做法。

而在一次次解决问题的过程中，和利时渐渐从项目的配合方，成为了项目的主导方。

最初，港铁方面对和利时的技术并不全然相信。虽然香港没有高铁，但香港地铁系统十分发达。地铁信号与高铁信号算得上同宗同源，香港地铁的信号设备全部由西方公司承担，内地公司在地铁信号领域并不突出。所以，港铁工程师先入为主地认为，来自内地的和利时的高铁信号技术并不占优。于是，在项目初期，进程完全由香港人主导。因为港铁合同规定的合同语言是英语，在招标过程和项目执行初期，开会大家只说英文。但随着合作的加深，和利时的技术逐渐被香港方面认可了。开会的时候，香港工程师说："咱们都是中国人，说什么英语啊！交流清楚就可以了。"

语言的变化，反映的是和利时地位的变化。从配角走到主角，和利时用实力赢得了话语权。当时担任广深港执行项目的安全总监、副总工程师还曾开玩笑说："经过这个项目，我们的英语水平跟原来差不多，反倒是香港人的普通话得到了极大提高。"

在和利时尽心尽力完成港铁要求的过程中，屡次的技术碰撞同样启发了和利时。在广深港项目之后，和利时对自己的系统进行了优化——增加了英标要求。

以前，和利时从未涉足过海外项目，也就没有考虑到国内列控标准以外的需求。但在广深港项目之后，和利时积极对比分析中外信号标准的差异，梳理不足，调整产品，跳出"不识庐山真面目"的狭隘场景，为后来的海外项目打下了基础。

当时，和利时团队平均年龄只有30岁，这支年轻的队伍冲劲足、肯学习。在与港铁质量团队合作的过程中，他们学习了港式的质量把控、分包管理、成本控制，包括分包商的延期索赔谈判。通过完整地执行港铁信号集成项目，整个项目团队的系统集成能力、集成调试能力都有了大幅提升。可以说，经过广深港项目的历练，和利时再做其他项目已然游刃有余。

就是要拿下这个奖

"和利时怎么样才能参加港铁的质量评选？"

“必须得让我们挑不出问题，你们连最基础的功能还没研究明白，水平还差得太远，就别想评奖的事了。”

这是和利时团队与港铁质量工程师在合作初期的一段对话。原本，和利时团队听说每年港铁都会颁发质量奖，这个奖项有很高的含金量，所有当前在建项目的承包商都有机会参与评选。所以，他们想咨询了解一下，但没想港铁质量工程师这样回复。

然而，这句“别想了”，反而激起了和利时团队的斗志，他们还就是要拿下这个奖！

为何港铁工程师对和利时想参加港铁质量评选，表现得这么“不屑一顾”？

因为在之前的质量审计会议上，港铁质量工程师针对和利时的技术方案提出了很多问题。此前，和利时没有做过集成项目，而且香港项目标准比内地高出一个等级，所以和利时的确有一些做得不到位的地方。

质量奖之所以含金量高，是因为港铁的100多个供应商在共同竞争，西门子、阿尔斯通等世界知名公司都参与其中，和利时这个信号界新兵确乎资历尚浅。而且，历届的香港质量奖基本上都颁给了土建、车辆、供电、牵引这些标准化程度比较高的“大专业”。在港铁历年的评比中，信号专业从没有拿过奖。虽然信号是高铁里非常重要的一个专业，但它却是高铁里投资占比少、市场容量小的专业。通信信号这样的小专业，东西既复杂又看不见、摸不着，自然长期不在获奖目录里。

现实往往是这样，越是高技术、高科技的东西，市场占有量反而不大。高铁里土建是最大的专业，尤其是隧道建设，挖一条隧道需要几亿投资，而一条铁路线上的所有信号设备也基本不超过两亿元。

越是在不受重视的环境下，就越要自己争气。在艰难的外部环境下，想“赢”的和利时只能对自己“下手”！与其被动挨打，不如主动出击。团队成员就去问港铁质量工程师：“我们要怎么做，才能做好？”

一问才知道，港铁内部有一套专门的质量管理体系和指导要求。这个要求比国际ISO标准还要精细，需要提供更多的细节证明。之后，和利时团队不厌其烦地咨询港铁的工程师，港铁质量管理体系究竟有哪些细节要求，他们要来各种技术标准资料，然后，比对着资料修改产品。

“当时就是有种初生牛犊不怕虎的精神，我们觉得这些东西也没有那么可怕，反正也要干，不如直接按高标准去做。”在这种理念下，项目团队按照港铁工程师给出的标准，一遍遍地修改产品。和利时团队交出的作业，一次比一次优秀，最终得到了港铁一致认可。

让外界甚至港铁部分员工都没有想到的是，在广深港香港段施工阶段，和利时第一年就拿到了质量银奖，第二年就冲到了质量金奖。和利时开了信号系统拿港铁质量金奖的先河，他们也是目前为止唯一一个拿到金奖的信号公司。

颁奖大会上，在众多跨国大公司中，内地新秀和利时显得颇为亮眼。和利时从港铁质量评审专家手中接过奖杯的那一刻，那个辉煌的时刻定格在了历史中。

“其实领完奖后我就后悔了，我应该用普通话说获奖感言。”多年后，代表和利时领奖的团队成员提起当时的领奖过程，还有些“懊悔”。“如果当时我说普通话，肯定讲得比英文会更好，还有可能是唯一的普通话获奖感言。港铁历史上，还没有出现过普通话的获奖感言，这不就创造了历史。”

但这份小小的遗憾，在获得港铁质量金奖这份大喜悦面前，也就被冲散了。港铁在铁路信号工程管理方面拥有丰富的经验，代表着当时世界铁路建设的极高标准。港铁质量金奖无疑是对和利时技术水平的高度认可，更是和利时对自我认知的巨大突破。

第一个突破是心态的转变。

在港铁项目的最初阶段，和利时团队认为自己应该以供应商的身份，跟着一个集成商参与项目，从没想过独立完成港铁项目。直到去香港做技术交流的时候，他们还在以供应商的心态为自己寻找上级——项目集成商。但在与香港工程师交流的过程中，和利时的认知第一次发生了改变。

当时，港铁招标团队问和利时：“你们为什么不自己做？”

从没有想过要自己扛大旗的和利时有些意外，再次确认：“我们的身份可以吗？”

港铁招标团队确定地答复道：“我们这里投标没有资质限制，不一定要找施工工程局，你们只要符合要求，能做好系统，直接投标就好了。”

于是和利时改变了既有策略，认真地做了标书，以信号总承包商的身份参与竞标。

在此之前，和利时一直坚持“全产业链里，只吃一段”。因为业界玩家都是大块头，竞争者都是有相当实力的综合型企业，其业务涵盖从设计到产品到施工安装的全产业链。所以，和利时的策略是避其锋芒，只做产品供应商。但在广深港香港段，所处的环境完全不同，给了和利时一个突破自我的机会。

机会往往意味着挑战。香港采用的技术标准遵循了国际标准，与大陆的技术标准并不相同。更具挑战的是，参与投标的都是国际巨头。同时，因为香港人的做事风格与内地人不太一样，最初和利时很不适应。

“其实我们特别担心风险，所以做标书的时候非常小心、非常认真。”但也是因为这份认真，和利时打败了西门子、安萨尔多这些信号大厂，最终赢得了竞标。

第二个突破是技术实力的认同。

在与港铁工程师交流技术的过程中，和利时逐渐认识到自己的技术丝毫不比西方大公司差。尤其，中国时速350公里的高铁开通运营之后，中国的高铁实践已经走到了世界前沿。所以，和利时提出的技术建议，香港人也会认真听取，并且以此为依据修改技术方案——实力才是硬道理，到哪里都是颠扑不破的真理。

第三个突破是树立了进军国际的信心。

和利时第一次到完全陌生的环境，一切都是全新的。在执行国际标准的过程中，和利时团队树立了这样一种信心：只要踏踏实实把事情做好，就一定可以做得比任何人都好。“既然你的标准如此，我就照做，不懂就跟你请教。然后按照你的规则、标准交付产品，而且交付的产品比你们自己做得更好。”项目成员说，“从这以后，我们投任何地方的标，跟任何客户交流，在心理上就完全不一样了。现在我们跟全世界所有供应商、甲方打交道，都极富信心。我们可以做到，哪怕是在你的游戏规则里，也照样做得很好。”显然，港铁项目成为了和利时开拓海外项目的基石。

这份来之不易的成绩，离不开所有人的努力，但更重要的是，离不开和利时人长期坚持的一种信念：必须在技术、在产品、在服务上，做得比别人更好。和利时创建之初，创始人王常力就树立了这样一个目标：我这一生只干一件事——建立并建好一个跨国的国际著名的自动化公司。控制系统没有目标就会处于无序状态，公司同样如此，确立好明确的目标，一步一个脚印总能抵达远方。和利时的目标就是，要通过稳定与持续的发展，成为最有价值的大交通自动化解决方案提供商。

没有10年，你们做不到！

“以你们的基础，想拿这个证，没有10年没戏！”和利时最初去做SIL4级认证的时候，欧洲认证机构如此断言：和利时做不到。

SIL是safety integrity level的缩写，译为安全完整性等级，它是一项功能安全认证，主要涉及针对安全设备开发流程的文档管理（FSM）评估，硬件可靠性计算和评估、软件评估、环境试验、EMC电磁兼容性测试等内容。SIL认证分为4级，即SIL1、SIL2、SIL3和SIL4，级别越高要求其危险失效概率越低。

安全是个概率，而欧洲人计算出来的概率是10^{-9}，这意味着正常运行10年只出一次安全相关事故。欧洲认证机构认为，按照和利时的技术基础，攒够充足的现场运营时间，积累够充足的运营经验，至少需要十年才能达到安全认证的要求。

当时，国内客户还没有关于SIL4级安全认证的硬性要求，并不是产品必须拿到认证才有资格承接项目。但在看到欧洲有了列控系统安全认证标准和认证机构之后，和利时立即判断安全认证是未来的行业趋势。徐悦提出："和利时必须要去挑战一下！"

因此，在国内企业还没认识到安全认证价值的时候，和利时决定：去做认证，要拿到中国第一张SIL4级安全认证证书。

SIL4级安全认证在欧洲属于保证安全的一种管理手段，其认证标准是产品符合各项安全要求，实质上是要求企业提高安全管理水平和能力。只有产品的开发过程和管理过程全都通过测试之后，才能获颁安全等级证书。所以，SIL4级安全认证是一种很严谨也很科学的管理方法。当时的SIL4级安全认证还仅仅是欧标，现在这套标准已经成为国际通行的标准，中国也将其引入成为了中国标准的一部分。

王常力曾形容和利时做业务，好比一个小学生拿到一个中学的竞赛题。虽然最终把问题回答了，但是求解问题的过程很不规范。实际上，虽然和利时的项目投运结果都不错，但是产品和服务还不够成熟，尤其在生产流程和管理方式上还在粗放式发展阶段。

中国企业的制造过程普遍粗放，更精密的生产要求促使它们对制造体系——生产流程、质量保障、物料供应、操作规程——进行大规模重组。但多数中国企业没有见过高效的制造体系，不知道如何建立完善规范的制造流程。因此，企业需要借助外力，帮助企业扫除障碍，重塑生产流程。所以，和利时希望在通过SIL4级认证的过程中，用科学的解决办法提高自身产品的规范度。

其实，和利时对于通过认证志在必得，不止出于提升业务的考虑，更是因为一直以来追求更加安全的初衷。和利时深知信号系统在安全方面承担着巨大风险。在徐悦看来，如果供应的设备出了安全事故，一方面有社会责任，另一方面“先不说别人追究，自己在内心受到的打击就会很大。我们做的事，人命关天，不容一丝马虎。”

王常力常说，“和利时要成为一家高尚的公司，一家有品位的公司，一家有价值的公司。”有些公司的价值是影响着世界进步，英特尔公司每前进一步就带动全世界的CPU前进；微软的操作系统每升级一次，全世界的系统也跟着完善一次。而和利时交通业务的价值就是为中国铁路的安全行驶不断增加砝码。

下定决心要做认证后，和利时团队立即行动。

第六次大提速之后，和利时在与各地方铁路局接触的过程中发现，其实还有很大一部分市场被忽略了。高铁之前，中国的火车都是由机车牵引行进，就是所谓的“火车跑得快，全靠车头带”。当时，全国客运和货运机车保有量达三万台，但是机车的制动系统还非常原始，毫无智能可言。

于是，和利时决定研发一套能兼顾机车和动车两种不同动力模式的车载设备，并通过SIL4级安全认证。

过去的绿皮车、空调车，乘客坐的叫车辆，前面牵引的叫机车。当时是不固定的编组，人多的时候，可能是16辆车组成一个编组，人少的时候8辆车组成一个编组，然后靠一个机车牵引，动力集中在车头。机车是靠空气压力制动，制动要控制空气压力。

而现在的动车，往往是8辆编组、16辆编组或者两列联挂，是一个整体。动车的动力是分散的，不是每节车厢都有动力，有可能是“六动两拖”“四动四拖”，动力并不固定在车头。因为动车、高铁采用电制动，所以想制动要控制电信号。

两种车在控制方式上完全不一样，要兼容两种制动方式，就要生产出新型控制接口。这在技术上，是从零开发的一个艰难过程。

从2007年开始，和利时前前后后投入几十人，进行了大量调研、实验，经过两年多的艰苦奋战，最终将CTCS-H型列控车载设备打造成功。

CTCS-H型列控车载设备就是奔着通过SIL4级认证进行研发的，所以各项指标都以通过SIL4级认证为目标。SIL4级认证极其复杂，对设备的安全分析有要求，对可靠性分析有要求，对硬件设计中需要使用的方法也有要求，其在软件设计、测试要使用的方式方法方面也都有非常详细的规定。

全程参与认证工作的李剑说："我们以前开发就是结果导向，反正把东西做出来，能用就行。"但是，要通过认证就必须要举证你的产品满足规定里的每一条要求，包括标准规范要求的所有验证，因此要提供大量系统性文件。除了技术上的难关，适应标准体系，并将之总结升华到一套标准的流程里，对和利时而言，是当时面临的最大挑战。"过标准是最难的，尤其是西方人定的标准，因为东西方的思维方式往往不太一样。"

加之，中国没有通过SIL4级安全认证的先例，没有任何经验可借鉴。面对复杂程度高又完全陌生的认证规则和流程，和利时只能硬着头皮往前冲，应对产品必须通过的准则考验。

例如，铁路信号的特殊理念——"故障安全原则"。信号硬件设备可能会出现意外，比如，二极管被击穿、电容断裂，电阻断电等。但是安全产品的基本底线是，无论出现什么问题都不会导致撞车。所以在硬件方面就需要设计一种逻辑，来确保即使发生故障，结果也仍然是安全的。

“就是控制中心被火烧了，也得保证对后方车辆亮起红灯，这就是底线。”何春明解释道，信号设备在硬件设计上都遵循了“非对称原则”，比如高铁的继电器不是普通的继电器，而是重力式继电器。短路是继电器经常发生的故障，短路之后就会断电，所以对一般继电器会用配线的方法避免混线、短路。但重力式继电器不同，采用悬挂的方式安装，短路断电之后，继电器就会在重力作用下掉落，然后就会亮起红灯。

类似的设计，就是故障安全原则之下的设计，而这些设计就是安全认证要一一检查和论证的。

相比硬件设计，软件设计更难。比如一个绿灯的指令，会用8个比特编码来控制。不是简单地用0表示绿灯，1表示红灯，而是需要至少用8个比特编码来表示绿灯状态，所以只有一种情况才会亮绿灯，其余情况全部亮红灯。

软件也有相应的安全标准规定，包括软件的设计、审查、测试、检查等环节都有一系列规定动作。“比如，在安装现场发现有个bug，直接在现场更改是不允许的。我们公司最早提出来这样做不行。”何春明解释说，这种情况需要开发人员在修改完bug后将软件上传到配置服务器里，然后测试人员从服务器里拿出软件进行编译，编译完之后再进行测试。最后发布到配置库里，由配置管理员发放给现场技术人员录入新软件。不允许从开发人员的电脑里，把代码发到现场，然后现场编译录入——哪怕一个字节的数据，都不允许，因为产品安全可靠是和利时坚守的底线。

和利时团队就是用这套严格的流程来管控质量。而这也是他们在SIL4级安全认证的过程中深刻领悟的道理——过程决定结果。“你不能把安全完全寄托在人身上，因为人是最不可靠的，要有一套手段。”徐悦说，和利时很早就认识到依靠系统才能保证质量的恒定。

2009年，经过了流程、资质、技术、测试等一道道关卡，和利时研发的CTCS–H型列控车载设备获得安全产品SIL4级认证证书，这是国内首个通过SIL4级认证的同类产品，开创了安全产品进行认证的先河。

当初欧洲人断言需要10年才能拿到的证书，和利时用了三年时间就拿到了。

在获得SIL4级认证的过程中，和利时获得的远不止一个证书，更是与之配套的整个生产流程的升级与安全体系框架的建立。甚至和利时的岗位设置和组织架构，都依照认证的标准进行了调整。

经过此番历练，和利时的安全管理水平有了大幅提高，同时团队成员熟悉了安全认证的体系和标准，并成功地将这套安全管理手段落地到日常研发和生产中。

制造能力和水平的提升对产品质量提升的重要性不言而喻。高质量的制造体系也就成为自主产品可靠性的保证。之前虽然和利时长期进行自力更生式的产品开发，具有较强的解决问题能力，但研发的严谨性，以及制造和质量管控体系与外国企业有较大差距。与国际知名信号企业相比，和利时的产品质量还有待提升。

为通过SIL4级认证而进行的体系建设，唤醒了和利时整体的体系意识，促使企业重塑了包括研发在内的各个体系。在新的经验和体系的基础上，新一轮的产品自主研发使和利时的综合能力得到空前提高。

其实，能成功将欧标引入，得益于和利时的自动化基因。和利时的工业控制业务，是一种特殊应用的控制。它融合了很多方面的技术，对信号技术有相当大的促进。所以，和利时能成功把欧标引进轨道交通业务里，也是得益于原有的管理体系和管理架构。如果没有这些基础，即便将欧标引进来，肯定也不能成功嫁接到原有的生产体系中。

另一方面，通过走从开发到认证的路径，和利时提升了各项技术能力，同时锻炼了一支队伍，培养了包括软件开发、硬件开发、测试、配置管理、安全保证等领域的人才。同时，和利时团队也验证了这套流程的可行性，为后续各岗位标准化、专业化打下了基础。

"最早做风险分析表的时候，是我在纸上用手画出来的。"团队成员回忆道，当时没有专门的功能安全部门，很多职能都是部门间交织完成。"我们试过认证的很多种方式方法，给了后来的产品很多借鉴和参考。"之后，和利时再做其他的产品，就游刃有余了。

可以说，是和利时开启了认证之门，开创了信号产品进行国际认证的先河。之后，行业内其他企业纷纷到和利时取经，学习认证流程和知识。和利时也将自己的经验无私地与业内同行共享，无形中推动了中国信号系统共同向前发展。

在和利时拿到安全证书的两年后，铁道部开始逐渐增加了认证的要求。一开始是试探性的，在行政许可的范畴下，优先选用有认证的产品。而到后来，安全认证已经变成了信号界的标配，也成为承接铁路项目的强制标准。

在和利时初入铁道行业的时候，部分专家对和利时的计算机控制产品有些抵触，他们认为："火车的安全要求高，只用软件控制，出了问题就是车毁人亡，后果太严重。"这种思维方式有其道理，但某种程度上也使得铁路行业新技术的发明与应用远跟不上时代发展的节奏。

和利时这家"路外企业"进入铁路圈后，给整个铁路行业注入了很多新鲜元素。因为和利时以做工业自动化起家，擅长从电子技术、软件技术的视角解决问题。因此，他们对信号技术进行了大刀阔斧的变革与创新。作为铁路圈的外来者，和利时算得上是信号圈的"搅局者"，但就是因为有和利时的存在，这个圈子变得更加有活力。如果没有和利时这条鲶鱼，中国的信号系统的技术进步，可能也不会这么快。

第4章

腾飞
纵横捭阖

真诚地为用户设想!

卡耐基的《人性的弱点》中道出了一个人与人交往及处世中最为基本的成功钥匙:“站到对方的角度考虑问题。”

在创业初期,王常力就提出了“真诚地为用户设想”的理念。以此为指导,和利时赢得了一个又一个用户,公司规模不断壮大,经营额不断提高。徐悦也坦言:“和利时这些年之所以在铁路领域没有走太多弯路,就因为紧跟用户需求。”

不同于普通消费品,信号产品是与用户一起“磨”出来的。每款产品研发之前,和利时都要与客户一起探讨需求,一起制定技术条件,最后形成产品。开发产品的过程,实际上就是挖掘用户需求的过程。所以,只有深入了解并把握用户需求,才能开发出满足客户需求的产品。

事实上,更多的时候是用户也说不清楚到底要什么,这时就要跟用户一起还原使用场景,一起制定标准和规范。这是一个不断互动的过程,需要大家共同摸索。“可能你做出一个东西,他看了以后给你提点意见,你再修改,这样不断修正以后,才是用户真正的需求。”和利时解释说,一定是跟用户每天摸爬滚打在一起,才能拿到最真实的需求。跟用户走得越近,做出来的东西越能得到用户的认可,走的弯路就会越少。

管理大师德鲁克曾说,当企业采取行动把人们的不满足变成需求之后,顾客才真的存在,市场也才真的诞生。或许顾客在得到企业提供的产品之前，就已经察觉到自己的需求。或者顾客可能根本没有察觉到自己的需求。甚至，在企业家通过广告、推销或发明新东西创造需求之前，这些需求根本不存在。但无论是哪种情况，都是企业的行动创造了顾客。

其实，洞察用户需求最简单的方式就是，做好自己的本职工作。和用户之间传递这样一种默契：他了解你能创造的价值，你知道他的痛点和需求。和利时就是要做满足客户需求、获得客户认可、值得客户信赖的合作伙伴。

曾担任广深港项目质量经理谈道："跟进广深港项目的时候，只要港铁的审计工程师在旁边，我一定手里拿着一个工作本，记录每次审计项目时他们的关注点。然后根据港铁审计工程师的关注点，建立项目下一阶段质量管控的重点方向、重点实施方案，再依此实施方案。"几次审计之后，港铁工程师对和利时的细致认真和技术水平都大为赞赏。之后，他们还会主动跟她沟通，接下来项目要提前考虑什么，要关注什么。

用户永远处于优势地位，而且永远会为自己选择能创造最大价值的产品和服务。因此，注重对用户实际需求的研究，是为用户设想的起点，也是"拿下"用户最务实和直接的途径。

王常力曾指出，支撑和利时发展的，永远是用户的利益。为客户创造价值就要为用户提供专业化的解决方案。只有专业化才能将产品做精、做细，才能最合适。同时还要不断给用户提供优质低价的产品，不断降低产品的成本，提高产品的质量和性能，以优质服务为客户带来方便和放心。

因为和利时是国内最早一家既有信号业务，又有综合监控业务的企业。公司产品线丰富，产品涵盖地铁、国铁信号和地铁综合监控。在产品线齐全的情况下，公司就有能力针对细分用户，定制开发产品，提供整体的技术解决方案，最大程度满足用户需求。

当产品和用户需求完全相匹配的时候，销售就是水到渠成的事。正如德鲁克所言，企业为用户创造价值有两个主要途径——营销和创新。

营销是研究用户需求和自身能提供产品之间的差异。王常力曾说："可能我们为用户提供自动化的系统和方案，并不是用户的需求。用户的需求是高可靠性、高效率的生产过程，以便以高于市场的效率生产出更好、更便宜的产品。所以为了更好地为用户创造价值，我们将更深入地学习和研究用户的需求和我们产品与服务的差异，并努力改造之。"

事实上，由于营销扮演着非常重要的角色，单单建立起强大的销售部门并赋予其营销重任还不够。营销活动的范围不仅仅比销售广泛得多，而且也不限于专业活动，而是涵盖整个企业的活动，是从最终成果的角度来看待整个企业，换句话说，是从顾客的角度来看待企业，因此企业的所有部门都必须有营销的考量，担负起营销的责任。

而怎样才能把营销做到位？还是"真诚地为用户设想"，是贴近用户体会他们的诉求，满足用户核心需求。就如同对用户来说，买农夫山泉和买恒大冰泉的口感差距并不大。对信号产品来说，各家拼的就是谁能发现用户的核心诉求。

和利时成功地建立了一种机制和组织文化，使所有一线市场和工程人员要在销售和服务系统时，时刻关注用户需求的变化，看有哪些用户的需求或愿望没有被满足，或者用户不满意，进而以此为基础，挖掘出创新的机会和方向。

创新，就是在发现用户需求差异后研究如何改进自己的产品和服务来弥补差异。所以用户的需求研究永远是创新的源泉。王常力表示，“我们鼓励业务人员在完成本职工作的同时，研究和调研用户潜在需求，发现新的业务机会。如果该机会一旦被公司确认，该业务人员将受到奖励，并且，如果该业务人员有潜力发展成为领导，那么该员工将来就领导新业务的发展。”

但从客户的潜在需求到实实在在的订单，往往不是一个人单枪匹马就能促成的，还需要每一个人都做好自己的工作，所有人都及时响应用户需求，踏踏实实地落地用户的关注点。这就涉及到公司的整体对外策略。

“我们拿项目，不是一个人去见面聊聊需求就可以了。”项目销售团队曾说，“谈项目的时候，需要推动公司的技术、方案人员一起做整体销售。从服务、技术方案到产品，各个层面都要让用户满意。这就需要先满足用户核心诉求点，再继续谈其他细节，最终双方达成一致。”

显然，一家公司的核心能力是全局资源的优化配置，为用户提供优质产品与服务是全局性的任务。尽管具体的任务由具体的业务单元或研发单位具体承担，但是从产品研发开始，到交付，再到后期运维，都需要全系统来支持和承担。当每一个单元的责任都执行到位，最终的成果就是进一步提升公司的核心能力和整体竞争力。例如，DCS技术是铁路和地铁业务的基础，铁路安全系统的开发又进一步提升了和利时的整体能力，并为公司开发工业装置紧急停车与安全保护系统提供了技术基础。

矛盾的普遍性寓于矛盾的特殊性之中。所以，和利时团队深知，一个健康发展的公司除了要在战略上平衡和综合全局以外，具体到每一项开发任务，每一个合同，每一项工程乃至每一个管理流程都必须具体落实。全局的力量不能代表各个具体业务和项目，但是每一项业务和流程的执行到位程度却直接影响全局的结果。

当然，铁路行业有自己的特点——圈子小而固定，而且用户基本都是技术型理工男，这群人往往有自己的偏好。“大家在一块儿只聊技术，而且但凡聊天的时候冒出一句外行话，人家就不搭理你了。”常年跟客户打交道、聊需求的汪小亮说，“铁路领域有很多专业名词、术语是比较有意思的，比如车次，D和G都会念成拼音，而不是英文字母。如果你说的不对，人家就觉得你不是这行的人，跟你交流就会有隔膜。”

但小圈子的好处也很明显，一旦用户认可了你，交流就会非常顺畅，因此用户黏性极强。当用户认为你能解决问题的时候，甚至会主动找你聊需求。此时，真诚地为用户设想，就更加有了基础。

“用户和我们一起做项目，关系都非常融洽，最后都会变成朋友。” 团队成员谈道，“港铁派出的质量监督工程师唐工，是一位快退休的老师傅，经验非常丰富，专业度非常高，但要求也非常严格。他像带徒弟一样带着我们看现场，告诉我们产品安装的时候，他会关注哪些点。他的关注点就是我们努力的方向。”

和利时的多位中高管在接受笔者采访时都感慨：用户至上不是空话，他们的关注点就是和利时的努力方向。当你真正用服务感动用户的时候，行业中就不存在竞争对手了。

显然，在中华民族几千年的文化历史长河中，“真诚”一直是被人崇尚的品德。当你真诚地为用户服务时，这份用心一定会被看到。

精心培育用户，诚心诚意对待用户的需求，认真准备每一个方案，同用户广泛交流。在取得合同后，克服任何预想不到的困难，千方百计为客户服务，是和利时不断走向成功的奥秘。

很多时候，和利时的员工白天和用户一起开会讨论需求，确定需要跟进的工作或者需要改进的方案。晚上一两点，用户就会收到回复邮件，上面有当天讨论的内容，或者修改好的新方案。很多次，用户们都说：你们太辛苦了，不用这么着急，可以稍微晚几天再发给我们。但和利时团队从不会将工作拖到第二天。铁路信号系统领域，和利时给业界的印象是踏实、敬业、专业。但口碑不是一天建立的，是一条又一条线路、一个又一个项目的日积月累。

有一句名言说：当你下定决心去完成一件事情，整个世界都会联合起来帮助你。这就是世界的规则，久念不忘，必有回响。当你坚持去做一件事情，必然会得到想要的结果，就看你为这个事情坚持多久，付出多少心力。当和利时认准了“真诚地为用户设想”的时候，就没有什么能阻挡和利时前进的脚步了。

独创的属地服务

2021年7月17日，持续不断的特大暴雨突袭郑州及周边地区。郑州一个小时的降雨量超过平时一个月的雨量，7月17日至23日几天的降雨量超过年降雨量。千年不遇的特大暴雨将郑州变成一片沼泽，整座城市都淹没在洪水之中。

罕见的暴雨对河南省内的铁路基础设备造成了严重损毁和威胁。汛情发生后，和利时火速驰援，在快速抢修被淹设备、保障铁路安全畅通的同时，守护近200套列控系统，上演了使命必达的“和利时速度”。

“得益于我们常态化的服务体系以及应急保障能力，和利时成功地保障了线路及时恢复运营。”第一时间奔赴郑州抢险的北和国铁自动化事业部副总经理于龙，在郑州暴雨期间48小时不眠不休地奋战着，他感慨说，“可以说，和利时的服务保障能力又一次经受住了考验。”

因为和利时的及时抢修，损失大幅降低，郑州铁路局在事后特意给和利时寄来了感谢信，对在郑州汛情中奋战在抢险一线的和利时员工致以诚挚的感谢。

能够迅速出击，并得到用户如此高的肯定，离不开和利时设置的属地服务机构。

为进一步贴近用户，及时满足用户各项需求，和利时改变以往由总部派驻工程实施人员到项目现场给予技术支持的服务模式，在有工程项目的重点城市设立了属地服务机构。

在徐悦的牵头下，和利时提出：全国所有铁路局，有站段的地方，就有和利时！

“如何能做得更好？就是要贴着用户走，站在用户身边，随时解决他们的问题，高质量地满足他们的需求。”他说。始终以解决和满足客户需求为中心，为用户提供专业、高效的服务就是和利时不变的追求。

经过近10年发展，和利时已建立起完善的属地化运维服务体系，可以保证24小时运维服务，能及时到达现场给予指导与支持。属地化服务能快速满足用户需求，完成相关任务，满足用户需求，协助用户解决实际问题。

和利时推出属地服务之后，行业内陆续将属地服务当做标配。其实，信号领域的服务模式相差无几，但真正能做到及时且长期服务的，为数不多，而这点恰好是用户看重的关键点之一。截至2021年，和利时已在全国16个城市设有常驻服务人员，覆盖国铁集团下属的18个铁路局。各个联络处形成保障联络网，可辐射至周边省市，提供就近服务。

区域化的管理便于有效整合、调配资源，为用户提供更加优质的服务。以京哈铁路秦沈段能力加强工程为例，面对中国铁路历史上既有线路改造工程量最大、施工组织最复杂的工程，和利时有序调配各大区、各属地服务人员分布到30多个站点参与施工并顺利保障线路开通，展现了单兵作战与团队协作的双重实力。

和利时的前置布局，再一次引领了行业发展。但不可避免的是，和利时最初推出属地服务的时候，还是遭遇了一些阻力。

“当时大家都是从北京派到各个地方，但员工的家人都在北京，派驻属地意味着长期出差，所以难免会有一些抵触情绪。”当时主导和利时服务改革的徐悦谈道，虽然动员工作并不轻松，但本着“真诚地为用户设想”的理念，和利时坚持推进开展属地服务。

最初，公司优先配置员工回家乡发展，一位员工的老家在哪儿，就派驻他到老家或者附近城市的属地工作。“回家乡后，生活幸福感肯定提升了，能在当地有很好的生活。”徐悦说，有了一定基础后，和利时就直接在属地招聘员工。

其实属地服务不仅对用户有利，对于员工而言也是很好的成长机会。他谈道："比如，关键岗位的员工确实需要到业务前端去锻炼，各个大区的属地服务机构就可以提供这样的岗位，作为我们的训练场给员工提供锻炼机会。"

而除了提供基层锻炼的机会，属地服务更重要的"功效"是提升了员工的综合能力。

原来做工程是出差到客户身边去做产品的交付与服务，而现在除此之外，属地员工要对整个区域负责。因而，员工的主人翁意识大幅提升，他们的工作不再只是完成交付，还要提升客户满意度，同时有机会为客户创造更多价值。因为他们离用户更近了，更容易关注到用户的新需求，也更容易快速响应用户的新需求。到后来，和利时的属地团队逐步从实施团队，变成公司核心的多功能经营团队。

对此，公司人力部门介绍说："现在的团队运行模式非常好，团队里有整个区域的负责人，有负责项目交付的，有负责服务销售的，还有负责新业务推进的。原来只是一个实施团队，现在变成了一个多功能的经营团队。目前的属地服务团队是我们公司核心的经营团队，公司下达的经营目标最终全部要分解到一个个团队里。属地关键人才都是有商业头脑的经营性人才。"

同时，因为属地团队可以及时向公司传递产品更新迭代的开发需求，和利时也因此在经营和服务上有了更大的提升，向前迈了一大步。

对用户来讲，每个员工都代表着和利时。高效的响应速度、专业的技术水平背后，是岗位转变后的主人翁意识。将保障服务价值发挥到极致，是和利时在铁路信号领域的成功路径。或许，这也是和利时从最初略显单一的信号系统产品，发展到几乎覆盖铁路信号全领域产品的深层原因所在。

过冬棉袄

企业经营有高峰，也难免遇到低谷。在低谷期，如何过冬？

徐悦认为："企业要生存得长久，一定要有一件过冬的棉袄。"面对竞争激烈的市场环境，和利时选择了深耕存量市场服务业务，黏住用户，以为用户创造价值为本分。

在发达国家，每投入100美元购买自动化系统平均会有6~7美元花费在维护、维修和改善的服务上。而在中国，这一水平大概只有1.3美元左右，服务所占的市场比例还相对较低。由"工厂前"到"工厂后"、由"企业资源"到"公共资源"的转变，形成有别于新项目市场的特殊需求，衍生出信号控制领域新的商业模式，即存量市场。

因此，和利时逐步确定了聚焦于服务业务，经营活动以服务为核心，从销售产品转化为销售服务的发展思路。

产品为用户创造价值，服务则是保障这种价值的基石，两者密不可分、缺一不可。"产品到哪里，我们的服务就到哪里，要为用户提供全方位的技术支持与服务。"徐悦说。

对于和利时程师来说，伴着月色工作已是常态。为保障铁路正常运行，调试和施工时间往往集中在半夜的"天窗点"，一直持续到第二天清晨。每天凌晨的200分钟，是留给和利时项目成员在现场开展列控数据插入试验的黄金时间段。按照既定方案，争分夺秒的施工是和利时工程师们的日常。

每年春节、劳动节、国庆节等长假期间，全国很多路局城市都有和利时服务人员坚守在岗，当用户遇到技术难题，当设备遇到调试、升级需求，和利时工作人员都会及时到达现场给予支持。“我们从事的工作与铁路运输安全息息相关，从公司管理层到员工，心中都有确保铁路平稳运行的使命感。”项目成员说，正是这种融入企业血脉的服务意识和责任意识，才是服务工作的质量保证和原动力，才能赢得用户不断的认可与信赖。因为，和利时始终是用户认同、值得信赖的品牌。

随着武广、郑西等客专线路的陆续开通，相比列控系统刚开始在全国范围大规模铺开之初，各用户单位技术人员的技术水平有了相当幅度的提高。通过对线路信号系统的测试、验收、维护，用户单位技术人员在实践中提高了能力，加深了对各项标准、规范的理解。他们与和利时工程技术人员展开对话的能力越来越强，探讨的内容越来越深入，对标准规范的理解越来越透彻，在实际工作中的想法和需求也越来越多。

紧随这一变化，和利时的能力也必须随之提升。所以，和利时的定位也在发生着变化——从传统的系统提供商逐步升级为整体解决方案供应商。

2019年，和利时提出了“智能控制、智慧管理、自主可控、安全可信”战略方针，致力于以“自主可控、安全可信”为业务特点，实现技术和供应链的自主可控，产品和服务的安全可信，围绕“智能控制、智慧管理”的业务核心，积极打造控制的智能化和生产管理的智慧化。

“2021年，我们近一半的收入来源于服务。”徐悦谈道，“这意味着什么呢？就是即使以后中国不再修铁路了，和利时也能活得不错。”

可以说，和利时早就穿好了自己的过冬棉袄——服务。而能找到这件棉袄，源于和利时一直在考虑用户在意什么。

从开荒到精细化种植

“开完荒以后，地该怎么种？”这是和利时铁路业务打开局面进入平稳期后，徐悦一直在思考的问题。在铁路发展高峰期，和利时可以靠卖信号产品活得很滋润。但高峰期之后，要怎么生存？徐悦的答案是，从开荒走向精细化种植，从提供系统升级走向提供运维服务。

和利时一直有将用户当作资产来经营的“种田策略”。王常力曾说：“经营市场要像种田一样，而不应像打猎。”

打猎只能当作“打牙祭”而不能作为口粮，因为打猎的成功具有相当的偶然性。首先猎物何时出现不可控，即使能够发现猎物也不能保证百分之百打中猎物。但种田最大的特点是成果可预计，所谓“种瓜得瓜，种豆得豆”“一分耕耘，一分收获”。所以只要精耕细作，合理选择种植产品，几乎可以确保收获。

经营企业同样如此。如果对待客户像打猎一样，偶然发现一个目标就配置资源，急功近利不惜代价拿下，可能会带来暂时的获利甚至会飞速发展。但如果这种客户同企业长期发展目标不一致，那么这个偶然的成功会对企业造成很大的负面影响。

首先，企业的领导和员工会滋生侥幸心理，觉得做企业像赌博。一旦这种赌性心理形成，企业很难形成积累。中国改革开放以来，产生了各种“猎物”的机会，所以很多企业是没有目标的，更多地强调抓住机遇。在市场竞争不激烈，各厂家规模不大的情况下，打猎的经营方式成本较为低廉。因为“猎物”是公共资源，并不需要培育市场。但是一旦企业竞争加剧，企业规模变大，靠“打猎”的方式不可能支撑一个大型企业的发展。

而种田强调的是精心耕作，提高产量。在企业经营过程中，将市场当作农田，不仅强调当期收获，更要注意保护和培育农田，以确保长期稳定的收获。在没有把市场经营成自家农田的时候，用户就不会百分百相信和依赖和利时。

那么，这块田该如何种呢？在王常力看来，还是从用户出发，定义业务。他谈道：“我们必须仔细研究用户现状、行为方式、期望和价值。要分析客户是铁道部，还是铁路局？用户要买可靠的运输支持，还是需要方便的管理平台？竞争对手能提供什么我们提供不了的技术和服务？”

王常力表示，和利时要精心培育用户，特别是长期有需求的用户，要把他们当作和利时的资产而精心培育。如果他们现在还不是和利时的用户，要仔细分析为什么他们不用和利时的系统，是系统不能满足他们的要求，还是方案设计不能令他们满意，或者是他们对产品和服务质量不放心？只要客户对控制系统还有需求，就应当仔细与他们交流和相处，特别是在他们还没有项目时就要与他们保持联系，建立信任；而如果他们已经成为和利时的用户，就要精心设计方案，认真配置系统，周到服务，并且定期与之交流。就像种田，把种子播下之后，要精心培育，而且在收割之后，立即开始下一季的种植。“如果我们真正像种田那样用心，我相信我们根本不用去理会竞争对手，因为这些用户已经变成我们的土地和资产。”

郑西铁路刚开通的时候，国内能开动车的司机非常少。因为首先动车司机要懂铁路信号，其次还要了解新的列控系统。所以，当时都是挑选开机车经验特别丰富的火车司机转开动车。但几乎没有司机了解过列控系统，更不要说将车载设备运用自如了。

然而，信号系统的最直接使用者就是司机，他们对产品的了解程度直接影响到系统的发挥。司机对产品了解了，各方面操作规范了，车才能跑得顺畅，大家才能实现共赢。所以，必须确保司机不仅会用列控系统，还得用得好。于是，本着精耕细作的原则，和利时决定主动给动车司机做操作培训。

但这一决定真正执行起来并不简单。因为在铁路系统中，司机与车载设备由不同的业务管理部门管理，司机属于机务部门，而设备归电务部门管。

后来，和利时想了一个办法，让动车司机的培训出人意料地顺利展开，而且大受欢迎。这个办法还是：用户导向。

事实上，铁道部机务部门对司机的业务能力是有考核的。首先，司机要保证火车平稳运行，如果一不小心来个紧急制动，司机就要被扣分。而且，司机要保证到站时间点，到站时间的误差太大，也要被扣分。所以，司机要在安全速度范围内，平稳、按时到达站点。因此，和利时从这个角度出发，对动车司机们阐释培训的必要性和针对性。没过多久，和利时的相关培训场场爆满，座无虚席。

“我们主动为动车司机提供服务，帮他们解决考核会遇到的问题，他们特别开心。”项目成员回忆说。一个看似棘手的难题，就这样迎刃而解了。

与此同时，精细化服务的背后，离不开和利时人以经营之心做企业的态度。

徐悦谈道，“以前铁道部有位领导跟我说，和利时的技术专家就两个半人，我算半个人。为什么是半个人呢？我懂点技术，但更多的角色是‘卖货的商人’。我的业务水平肯定也不错，但是我不能老以专家自居，要多考虑公司的发展。”

企业经营者，尤其是学者型管理者，必须拨开学者的思考方式，用商人的思考方式解决问题。因为商人思维和学者思维是不一样的。徐悦对此也有着深刻的认知：“后来开技术问题讨论会，我都不参加了。因为我看了他们的技术方案，就批评一通。这似乎对工作有促进，但实际上对经营有一定的伤害。后来，我说这样不行，我再当技术专家这个公司就没法开展业务了。”

美国社会心理学家费斯汀格有一个著名的理论：生活中的10%由发生在你身上的事情组成，而另外的90%则由你对所发生事情如何反应决定。换句话说，生活中只有10%属于不可抗力，另外的90%则取决于我们的认知和选择。这被称为“费斯汀格法则”，改变的根源在于心境。

“万般皆下品，唯有读书高。”在中国人心中，对学者有着根深蒂固的崇拜之情，而商人则是“重利轻别离”。和利时的创业团队多由大学教授组成，从学者到商人，心态上的转变是每个人都要经历的蜕变。徐悦认为最大的转变就是，要放下学者清高的架子，习惯于做一名商人。

无论是学者，还是技术专家，只需要考虑技术就可以了。但作为商人，作为企业经营者，要综合考虑公司发展。诚然，技术非常重要，但将目光局限于技术，公司同样很难前进。

作为企业经营者，带领企业发展是必须尽到的责任，而要完成这个目标，就要以经营之心来做企业。稻盛和夫始终把对“心”的经营放在首位。人生中的一切事物都由我们的内心所塑造，内心的想法可以影响和改变我们周围的环境。改变心态就能改变人生，改变认知就能改变企业的命运——在这方面，和利时的高管团队无疑是优秀的践行者。

我们做的事，人命关天

产品质量，无疑就是企业的生命，企业的灵魂。于和利时，同样如此。产品安全可靠是和利时的底线，品质过硬是和利时不懈的追求，但在追求品质的路上，和利时也经历了日臻完美的过程。在此期间，显然需要蜕变。

本书前面的章节讲述过这个故事：和利时在和日立联合开发广深港项目的过程中，有一部分功能由日立独立完成，一部分需要和利时自己做。两家各自做好自己的部分之后，再组合到一起形成成品。

而双方在此事耗费的时间上，就大相径庭。“我们大概做了半年就完工了，日本人就做得很慢，一直拖了一年才做完。”当时的执行项目经理娓娓道来，“然后，双方的设备运到一起做调试。最后发现，我们自己的设备一会儿这儿有毛病，一会儿那儿有问题，修修补补了两年时间，整个系统才基本稳定。但是日立的设备一直用到第三年的时候，才发现有一个小问题。”

之后，日立负责开发这款产品的负责人来到中国处理这个小问题。经过长期合作，大家都处成了朋友，与日立技术人员对接的执行项目经理说：“又见到你了，真高兴。”但对方一见面，先鞠躬，然后诚恳地说：“对不起，我们没干好，给你们添麻烦了。”

日立技术人员认为，设备出问题是很糟糕的一件事，设备就不应该出现问题，即使已经运行了3年，即使只出现了一个小问题，他们仍然觉得很惭愧，很内疚。这种追求品质的文化，造就了日立在全世界稳固的市场地位。

日立此次“维修致歉”给了和利时深深的触动。当时，和利时已经有实力在很短时间内开发出技术水平很高的产品，但是从产品需求设计到技术研发，再到样机制作和工艺设计，最后到批量生产和现场应用服务，整个流程的表现并不总是稳定的，经常会“掉链子”。

此前，中国企业的制造过程普遍粗放，生产一个零部件没问题，但批量生产质量稳定的零部件，往往出现瑕疵，和利时在这方面同样有过不足。王常力曾说：“我们强调功劳，减少苦劳，争取用最少的工作量创造出最多的成果。所有这些都要求我们提高质量。我们在很多地方流于形式，没有把质量管理作为一个过程，融入我们的日常生产。我们并不能要求大家做到一次完美，只要求一次比一次强，它是一个渐进的过程。我们允许有失误，也允许大家犯错误，只要从中吸取教训，不再重复犯同样的错误。我们所制定的目标是切实可行的，是跳起来能摸到的目标，但必须付出艰苦的努力，并非轻而易举的事情。”

此前，和利时也有因为时间紧迫，没有一次性将设计和开发做到位，却不得不花上数倍的时间和精力反复完善和改进的案例。人们常说“失败是成功之母”，但王常力不这么认为：“在市场竞争中，一次失败就是永远失败。市场不是母亲，没有母亲的包容和谅解。市场只认同强者，我们只有一次机会。”王常力提出，和利时必须贯彻“一次就把事情做到位”的方针。从产品需求设计到技术开发和样机试制，到生产和应用各个环节，都必须一次做到位。

事实上，实现“一次到位”，最大的难题并不在于“一次到位”本身，而在于脑子里根深蒂固“出现一点差错很正常”的观念。一次性把事情都做对，是成本最低、效果最好的处理方式。无论个人还是企业，心魔，永远是提升最大的障碍。

“我时常听到我们的质量人员和工程人员提到产品质量合格率为百分之九十几，但是，我们可能忘了国际上流行的质量标准是六西格玛。”王常力要求每一位员工，对自己的工作标准百分之百满意。“用户只给我们一次机会，我们的工作也只能给我们一次机会。我们必须充分利用这一次机会，把我们的能力发挥到极致。”

六西格玛是一系列旨在控制产品缺陷，管理技术改良的方法。以“零缺陷”的完美追求，带动质量大幅提高、成本大幅度降低，最终实现财务成效的提升与企业竞争力的突破。六西格玛背后的原理是如果检测到项目中有多少缺陷，就可以找出如何系统地减少缺陷使项目尽量完美的方法。一个企业要想达到六西格玛标准，那么它的出错率不能超过百万分之三点四。

通用前CEO韦尔奇曾表示：“在改进公司运营效率、提高生产率、降低成本等方面，六西格玛所带来的效力是无与伦比的。它改进了设计程序，让产品能更快地走向市场，减少质量缺陷，建立客户忠诚。”不仅如此，韦尔奇还强调：“六西格玛最大和最未被宣传的好处是它能够帮助建立伟大的领导团队。”在韦尔奇的探索下，六西格玛从一项单纯的管理技术改良的方法，发展成为包含培训、产品流程设计、客户服务在内的管理机制，并成为GE最重要的管理法则。

王常力提出的“我们只有一次机会”与韦尔奇推崇的六西格玛，其实殊途同归。当一个企业的产品百分百合格的时候，也就没有什么能阻碍它腾飞了。王常力说，“如果事业部的每一个人都可以胸有成竹地说：我做的东西质量没有问题，那么我相信我们的产品是最具竞争力的。”

和利时的业务特点是多品种、个性化、小批量、高质量、长期供货。这种特点决定了和利时的竞争力绝不单单体现在系统的先进性上。很多时候用户并不太在意和利时的系统在指标上到底哪些地方比别人先进，但是，他们特别关注系统的稳定性、可靠性和方便性。因为一旦控制系统出现问题，轻则造成停车事故，重则会导致严重甚至危险的重大生产事故。铁路信号系统产品对于质量和安全性的要求是至高无上的，一个小缺陷甚至可能造成灾难性的后果。

因此，在和利时，“质量是生命”不是口号，是每天都在为之奋斗的目标。“我们做的事，人命关天。”徐悦经常用这句话作警示。

经过不断实施理念提升、综合改造、流程细化等一系列举措后，和利时拥有了稳定可靠的产品制造品质。这一方面得益于和利时高于国内同行的质量控制手段和各环节中参与人员的良好素质，另一方面源于生产、制造技术的不断优化。

目前，依托于完整、独立的生产体系，和利时在信号领域交付用户的产品，从原材料采购、电路板件生产、单元组装到成套等全部生产环节，基本都是自己一条龙完成的。在此过程中，和利时团队按照ISO9000的要求，根据相关工艺标准和检验要求，对生产制造全程进行物料进检、单板及单元测试、整机功能试验、产品老化等环节的质量控制。

“日立给我们最大的启发就是，一是制造保证质量，二是设计保证质量。”何春明谈道，“我们很早就认识到，故障率其实不完全是靠制造环节去把控，若要能达到一个很高的水平，还得要靠设计。”

所以，为控制产品和系统的安全风险，保证产品质量，从产品的概念设计开始，针对产品的需求分析、安全分析、体系结构设计、软硬件实现、测试与验证、产品制造、现场工程实施等全生命周期环节，都被和利时纳入了安全管理的范围。

显然，和利时已经建立起了一整套可行、有效的安全管理体系。因为安全产品在编码过程中很容易出错，所以和利时引进了“画图逻辑”。徐悦解释说：“逻辑图可以自动生产编码测试，人犯错的概率会大大降低。因为你一眼就能看出哪里在逻辑上有问题，但是变成编码，就很难发现bug。”

“画图逻辑”不仅运用在编程中，还被应用在讨论需求方面。

常规的记录，无非是开会之后写下会议纪要，然后双方签署备忘录文件。但是，和利时选择了另外一种方法——图解。

这种风格最初源于日立。“在交流需求的时候，日立技术人员不仅会将确认好的功能记录下来，还会再画个流程图。最开始有几个分支，每个分支下可能会产生什么，最终会怎么样，都清晰地在图中画出。”项目成员回忆说，“这种记录方式，不是用大段的文字来表达想法，而是基于逻辑用清晰的几张图表，让用户快速理解他们的意图，而且之后永远不会产生分歧。”

为全面保证产品品质，和利时还建立了相应的组织结构、流程制度，并配备了有相当经验和能力的安全管理人员。和利时推行的“质量管理体系”制度，使每一个人最终形成自觉的质量保证行为，具备了对信号产品和系统进行安全管理的能力——这在业内处于领先水平。

全套的管理体系下，除了保证基本的生产连续性、可靠、安全，还能给用户带来更多的价值。这套管理体系，可以为用户提升产品的品质，提高其生产效率，最大限度降低原材料和产品的库存，同时缩短用户的产品交付周期，提高其周转率。

“当别人做到80分的时候，我们做到95分，就能获得认可，在市场上占领绝对优势。”徐悦为和利时交通业务制定的竞争策略是做靠谱的优等生。高性能高质量，加上安全和优质服务，成为和利时永恒的竞争优势。

创新之路：持续奔跑，永不停歇

王常力经常将和利时比作一架功率强劲的飞机——其内动力很大，但惯性也不小。因此，它不会被风一吹就起来，它的起飞需要经过调整好方向，进入跑道，准备加速，腾飞，驰入蓝天！

经过多年发展，和利时明确了发展方向，完善了运行体系，弥补了技术不足，已经做好了腾飞的准备。和利时的列车控制系统先后成功应用于郑州——西安、广州——深圳——香港、北京——石家庄——武汉、兰州——乌鲁木齐、合肥——南京、遂宁——成都、青岛——荣城、佛山——肇庆等四十多条高速铁路、客运专线、国家铁路提速线路和城际铁路，稳居行业前三。

但高速的发展对于和利时来说同样意味着巨大的挑战，徐悦坦言："安全性和稳步发展是当前我们所面临的最大挑战。"

因为和利时做的是安全产品，应该按部就班，一步一步地做，但是现在的客观形势并不能提供这样的时间。"当前的工程项目我们经常称之为'三边工程'，即边定需求，边开发产品，边工程实施。在这种形势下，如何保证产品的可靠性、稳定性，尤其是安全性，就是非常大的挑战。"徐悦说。

如何应对这一挑战？和利时的答案是坚持技术创新，做业内行家，通过换位思考用户的真实需求，真诚地为用户设想，给用户带去价值。

技术是企业最核心的竞争力，一个企业的技术储备往往决定了其在未来发展中的成败。"和利时的核心市场竞争力就是技术实力。"徐悦谈道，绝对领先的技术实力和不断突破的技术创新，令和利时稳稳抓住了市场机会。从最初的第六次大提速，到后来的客专线和时速350公里提速，每一次事业的进阶都离不开技术的创新。

和利时的成长史是一部不断创新的历史，自成立之初，和利时就有创新的基因。从最初客户在哪儿都不知道就敢创立公司，到后来不断在强手环伺的铁路圈冲出重围，来自骨子里的创新意识，是和利时不断追求技术创新的源泉。

徐悦、何春明等人初出茅庐就接下了几十个站点的订单。“一下签几十个合同，把同行都吓着了。”他们回忆说，“或许因为我们的推动，跨界的计算机控制成为了主流。你不能固守着过去，这样就永远不能进步了。”

正所谓，机会总是留给有准备的人。和利时在列控领域的研究，恰好赶上了国家铁路提速。那个铁路建设的黄金时代，给了和利时创新的土壤。“过程当然很辛苦，但也非常锻炼人。只有有了丰富的经历，才能沉淀为自己的东西，看别人做或者听别人说还是差一些。”何春明说。

比如，刚刚提速的时候，和利时的技术人员随时都可能被派去现场解决问题。但随着中国高铁的建设，各个铁路局的能力也在提升，都配备了自己的技术型员工，他们已经可以自己解决一大部分问题了，和利时自己上手解决问题的机会反而少了。

失去创新，就意味着很难维持市场地位。苹果公司之前一直都受到大家追捧，就是因为它不断超越自我，创造各类革命性产品。

我们处在一个技术和知识爆炸的年代。人类近一百年的技术进步远远超过过去几千年人类技术进步的总和。而随着全球化和网络信息化的发展，这一过程还在加速。如果一个企业能永远保持旺盛的创新能力，这个企业一定能够保持越来越强大的竞争力，但任何企业都面临着创新能力难以为继的挑战。所以，任何企业都必须时时刻刻关注相关领域技术进步，并积极参与推动，才可能不断创新与发展。

革命性创新或颠覆性创新是最有效的，如智能手机取代功能手机，数码照相取代胶卷照相等。但是颠覆性创新又是风险最高的创新，成功率极低。克里斯坦森在其著作《创新者的窘境》中提出，绝大部分的颠覆性创新胜利者都不是原来的技术原创者。书中统计了66个不同的行业，从口香糖到网络，发现只有6%的技术首创者成功发展到后来的市场主导者。

而在莫滕·汉森与吉姆·柯林斯的著作《选择成就卓越》中，提出了一个重要的经营原则：先发子弹，然后再发炮弹。就是说，对于一项新的技术，企业先不要投入大量资源，而是逐步投入少量可控的资源进行研发，这些资源的投入原则是即使该项目失败，它所造成的损失既不会导致企业失败甚至不会影响企业的主业经营。等到实际经验充分验证了技术和市场的可行性之后，迅速集中资源实现产业化，并占领市场，即发炮弹。

和利时在铁路业务上的实践正是如此。他们先发出一系列的子弹，投入了一定的资源研发了微机联锁系统，并应用于铁路外的市场进行检验。在发出了足够的子弹之后，充分利用铁路进行第六次提速的难得时机，集中力量发炮弹，持续改进产品的形态和性能，及时开发出车载ATP和地面列控中心，成为中国铁路信号的主要供应商之一。

和利时的技术创新之所以成功，不只是技术的突破，更重要的是新技术成功的产业化与落地。

“用户并不在意你用了什么技术，用户在意的是一个产品用起来高效不高效，建设成本和运营成本低不低，运输效率高不高。”在徐悦看来，很多技术人员的格局打不开，主要原因是沉浸在对自己技术的欣赏中。客户需要的不是看起来高大上的技术，而是技术能带来的实实在在的价值。

徐悦认为，必须站在用户角度进行创新，而不是凭空想象，必须看到用户的真实需求。对用户而言，如果技术能让他们维修和施工的用人成本减少，建造成本也大幅下降，也就是一项技术让产品全生命周期的成本都降低了，并且安全性比以前还要高，那么，这种技术肯定是最受客户欢迎的。

而单有好的创新想法，甚至研制成原理机型，都还离真正的产业化相差很远。王常力曾谈道：新业务的成功率往往不到10%。而从一个创新想法，到一个成功的市场试验产品，成功率甚至不到10%，而这些初试产品到大规模市场成功的比例还会再次小于10%。所以，很多公司实际上大部分的开发资源都浪费掉了。

这方面，不乏令人唏嘘的教训。1970年，施乐公司在美国加州建立了一间开发实验室PARK，该实验室独立于原来的主营业务，由一批技术天才组成。该组织科研成果卓著，在短短十年间，研发了许多领域的革命性技术。在硬件方面，他们首创了激光打印机、计算机鼠标、便携式电脑的关键技术，甚至计算机网络技术；在软件方面，他们首创了图形人机界面，图形文字处理器等这些技术领先同行十年左右。

后来惠普在PARK的启发下，开发了激光打印机。苹果带领开发团队到PARK观摩学习鼠标和图形人机界面后，才开始了Mac系统的开发。但可悲的是这些技术没有一项被施乐公司用来发展新产业。

创新是企业生存的根本，但所有的创新都必须有的放矢。“问渠哪得清如许，为有源头活水来”，创新绝不能“为了创新而创新”，那样只会消耗资源，不会有结果。因此，和利时持续改进公司的开发管理流程、生产制造流程、工程服务流程，以降低产品的成本，提升公司的竞争力。

王常力经常强调："我们的技术创新次序应当是先市场、后产品、再技术。"即当发现一个新的市场机会时，应当先利用市场上已有的产品销售服务，进入市场掌握市场的真正需求。在准确把握了用户需求之后，根据和利时掌握的技术能力选择集成开发还是自主开发。只有当和利时掌握该产品的核心技术，或和利时可以以很小的风险按时开发出该产品或市场上找不到相应的技术时，公司才从头开发。然后再逐步用自己的技术改进和升级，提升产品的性能、易用性并降低成本。

王常力为和利时规划的创新路径正是：跟随自动化及其相关领域的技术发展变化，一旦一项革命性的新技术正在向规模化应用转化，就集中资源迅速将其产品化并占领市场。和利时要不断更新并提升技术，以此来不断改进产品的性能、质量并降低成本。此外，"主动学习竞争对手的优点，努力参照相关领域的技术博采众长，绝不固步自封。防止像当年IBM那样，所有技术必须自己开发，只要不是IBM自己开发的就不采用。"

毋庸置疑的是，在产品和技术创新中，最有效的创新是继承、综合和提高。积累是创新的基础，而在固有基础上的创新是最有效的创新。正如王常力所言："产品要做到80%成熟技术，加10%~20%的新技术。"

当然，革命性的创新会创造一个发展的奇迹，如英特尔和微软的诞生。但是，这种创新是很难发生的。在企业经营中，最常见的创新就是不断对比技术和产品与用户需求之间的差异，与竞争对手的差异，总结和固化企业的核心技术并不断提升，然后与当今技术进行集成与综合，来提升为用户创造的价值。这样往往能够起到事半功倍的效果。

回想最初籍籍无名的和利时，没有经验、没有资源、没有背景，拿什么立足于铁路圈？凭的就是创新！他们依靠技术创新、管理创新、标准创新、业务模式创新等一系列的创新，走到了今天。

而和利时不断创新的源泉在于对研发的重视和投入。和利时有一条铁律：不管公司的经营状况如何，相关开发的投入绝不低于上一年收入的10%。人力和财力的投入，保证了开发资源的充足。因为创新需要一个长期积累的过程，立竿见影的创新并不多，长期耕耘厚积薄发才是常态。

目前，和利时已在西安、新加坡建立了研究中心。2020年，和利时在西安购入60亩土地，新建约10万平方米的西北总部基地，主要服务于研发及测试的西安公司，公司有近200名研发人员，约占全体员工的35%。和利时还规划在欧洲建立“国际研发中心”，同时计划在更多地区设立研究院，与国际著名大学及科研机构建立高端研发合作关系，共同开发世界前沿技术，并将其延伸到轨道交通产品应用上，开发各类定制产品，为“一带一路”沿线国家和地区带去最先进也最适用的轨道交通产品。

“为自动化百年字号的梦想，和利时正在一步步努力着。”这是王常力所著《经历成长》一书封面上的一句话。在交通信号领域，和利时依然在创新之路上持续奔跑，永不停歇。

第5章

跨界

深耕大交通

头部企业为何要维护生态

“有时候，大家觉得和利时挺‘难缠’的”。徐悦笑着告诉笔者，和利时的“难缠”是因为综合素质过硬，流程较为优化，可以提供低成本的优质服务，所以和利时往往在竞争中能够拔得头筹。

但和利时一直都本着“同吃一碗饭，和气生财”的理念，注重行业生态健康。徐悦说：“既然和利时是头部企业，就要维护生态。大家都不要破坏生态，生态破坏了就谁都没饭吃了。”在徐悦看来，当技术走向产业，头部企业不仅需要“独善其身”，还要“兼济天下”。

一些企业所谓的“生态”，更多是停留在销售“通路”上，也就是为我所用，你来帮我卖东西。所以，在不少企业提出的生态理念中，打造生态系统的出发点并不纯洁，他们都想通过打造一个生态，让伙伴到自己的圈子里做事，为自己“打工”。

但生态应该是你中有我，我中有你，互利共生的关系。但“成就别人就是成就自己”，这些原本最浅显的道理，若想真正做到反而很难。

最喜欢谈生态的互联网公司，都是平台型、生态型的公司，但它们所建立的生态，虽然也具有互惠互利的特点，但更多还是以自我为核心的生态。甚至，在很多时候，他们的生态具有明显的排他性甚至垄断性，就像那句老话：“非我族类，其心必异。”

而王常力认为：“对待合作伙伴我们要信守承诺，我们要真诚地与他们合作，共同进步。”

无论是对待客户还是对待合作伙伴，和利时始终坚持忠于合同，履行承诺。人无信而不立，企业无信不能长久。尤其，和利时立志做百年自动化企业，就必须坚守诚信。尽管有时履行承诺可能会造成短时的经济损失，或者有时履行合约要克服很多困难，但和利时从未毁约。因为和利时人坚信，时间会给出最公正的答案。

一个人偶然的投机成功常常会毁掉人的一生，因为他从此会相信运气，会赌运气。他会认为那些认真苦干的人不够灵活。长远来看，“结硬寨，打呆仗”并不吃亏。曾国藩成就大业唯一的秘诀，就是他一生坚持笨拙，不走捷径。他依托挖沟扎篱“结硬寨”，不进攻，只守着，把敌方围困至弹尽粮绝，正所谓“打呆仗”。清末骁勇善战的太平天国士兵遇到这种打法，也毫无办法，一旦被曾国藩的湘军围困住，最终的结果都是弹尽粮绝、人心涣散、乖乖投降。看似愚笨的“结硬寨，打呆仗”，显现出巨大威力。

所以，“结硬寨，打呆仗”的和利时一直坚持“做别人不愿干的事，和做别人干不了的事”。因而，通过一点一滴坚守诚信，建立起了一个价值连城的无形资产——和利时的品牌。所以，虽然和利时“难缠”，却有一群合作伙伴在身边。

以前判断一家企业是否强大，主要基于竞争概念，只要看其是否具备核心“竞争力”，是否能管控别人不能掌握的核心资源即可。但现在，企业能否有效利用外部资源也已经成为影响企业增长的关键因素之一。

在当前的商业环境中，很多产品如果放在孤立状态下，其市场空间很有限。但如果放在与合作伙伴构建的生生不息的生态中，这个市场空间是在不断延展扩大的。因此，今天企业做生态，既要管理好竞争，又要管理好合作。

而管理合作更难，毕竟和利时是从竞争中打拼出来的，此时要做好“分享”，就更需要技术与艺术。徐悦觉得，和利时原来是敢于竞争，现在要善于合作。在市场竞争中，常说“做大蛋糕比做大份额更重要”。如果行业伙伴们能协同创新，一起把市场做大100倍、1000倍，那么即使在市场中的份额只增大一点点，总体增长率都会更高，增长也更有后劲。

通常情况下，人们将企业的竞争划分为三个阶段：企业间的竞争、产业链间的竞争、生态系统间的竞争。如今，由于新技术的普及应用，企业竞争的边界已经被打破，正逐步发展到生态系统间的竞争阶段。于是，很多企业开始天真地认为，在生态系统竞争阶段，企业不必再关注自身核心竞争力的打造，只需要站好队就能够在竞争中立于不败之地。

但事实并非如此，生态系统间的竞争其实是建立在企业间竞争和产业链间竞争的基础之上，一个企业若想在生态系统间的竞争中获得先机和自主权，首先要拥有自己的核心竞争力，并能够为整个生态系统贡献自己的价值。因此，和利时也一直有清醒的认知：无论是否与人合作，只有具有自己的核心竞争力才能立于不败之地。

“假如我们没有自主的精神和信念，那么也许任何一个外商来找我们，我们也只能成为他的代理。”王常力说，“但和利时拥有了自己的核心技术，拥有了自己的团队精神。与外商的合作，就能以我们的要求为主，以我们的方向为准。”

因为和利时公司要做成“方案公司”，但单靠自身的力量还不够。所以，和利时早在2000年提出，要由过去完全的“独立自主”变为以“独立自主”为主，兼顾建立“统一战线”，即联合世界上其他很好的公司、企业进行合作，推进自己的核心技术。

但这并不意味着和利时不做自己的核心技术，而是要仔细分析哪些技术是核心技术，然后用核心技术与外商合作。而标准就是这个技术能否在全球数一数二。

通用公司在全球曾经打遍天下无敌手，但进入20世纪80年代，通用公司不少产品的市场份额，被日本企业所挤占。于是，韦尔奇开始做减法。面对GE多业态的现状，韦尔奇提出了明确的管理目标：“要么做到第一，要么做到第二，不然就关闭。”任何部门，如果不能做到细分领域中的第一或第二，要么努力改进让业务能够挺进到前二，要么卖掉或者关掉。

这个至今仍被人称道，但又充满争议的管理法则，被韦尔奇和他的继任者严格执行。因为坚持“数一数二”战略，“整顿、出售或者关闭”成为GE的日常。在该战略实施的两年里，GE出售了包括矿产业务、家电业务在内的71项业务和生产线。与此同时，GE又完成了多项投资，巩固和强化了优势行业。

王常力提出了与韦尔奇“数一数二”战略有异曲同工之妙的“统一战线”原则：凡是公司可以做到世界先进水平的技术，我们均保留，并使其进一步领先。凡是公司不能做到世界先进水平的，可暂时放弃，我们要转而寻找在这些方面比我们做得好的伙伴，结成统一战线。海纳百川，大海之所以成为大海就是因为所有河流汇集于此。行业中永远有竞争者，但正如王常力所言：“如果我们的企业日益进步，我们真正地为用户创造价值，我们的用户自然会选择我们，我们在用户心中的地位自然就会高，自然不需要担心行业竞争。”而和利时作为行业头部企业，一直在着力避免竞争中的负面因素，努力寻求一种可以实现双赢的非零和博弈。他们基于增量的思维，在原有存量博弈的关系中，寻找突破口，让原本处于利益矛盾的双方，在更大的利益增量空间面前，实现竞争与合作的统一。

大格局铸就大企业，胸怀宽广的和利时，拥有了更广的舞台。

“不凑热闹”的工业互联网平台

海尔集团张瑞敏有句名言：“没有成功的企业，只有时代的企业。”企业如逆水行舟，不进则退，如何进取和发展是企业永恒的主题。

在交通领域深耕了十多年后，和利时决定将轨道交通业务升级为大交通业务。

因为轨道交通尤其是高铁的建设快速上升到高峰期后，必然会有收缩的趋势。对此，徐悦如此分析：“八横八纵高铁网建成以后，会转向城市圈铁路建设，再之后建设规模肯定会往下走，铁路不再可能出现那样的高速增长。”

任何行业，必然会面临市场需求逐步进入稳定的保持期，甚至逐年递减的状态。

同时，交通信号行业经过多年发展，竞争对手的产品质量已经趋于稳定，增加了竞争难度。其他之前没有业绩的信号公司，也在极力进入这个市场。随着竞争对手的增加，竞争将更加残酷，也会对和利时业务规模的拓展造成冲击。

市场需求萎缩，但竞争却更加激烈，作为和利时重要业务之一的轨道交通，未来如何发展？

和利时永远不和市场较劲，不和竞争对手制气。审时度势，选择合适的时机做对的事情，一直是和利时的宗旨。虽然和利时强调“天时不如地利，地利不如人和”，重视人和的主导作用。但是，顺势而为可以实现事半功倍，大大降低发展的风险和成本。

面对注定要萎缩的轨道交通市场，徐悦提出了“双稳战略”，即通过既有业务智能化和新业务拓展，实现收入规模稳定、利润规模稳定。

“和利时的智能化不是提出概念，而是要回归到用户角度，考虑实现智能化能给用户创造什么价值。”徐悦表示，没有给用户创造任何价值的智能化，是要打问号的。噱头十足却不能带来实质意义的机械手臂、无人车间等，并不是和利时所追求的。

如果和利时只是寻找偶然的机会做生意赚钱，当然可以什么都做。但和利时追求建立一个为用户、员工和股东不断创造价值的企业，就必须有所选择。

所以，和利时将智能化定位于帮用户实现定制化功能以及产线柔性化，而不是简单地在生产车间添加机械手臂。要实现真正的智能化功能，就离不开工业互联网的加持。于是，和利时将发展工业互联网，作为和利时集团下一步内部产业升级，和助力用户数字化和智能化转型的重要方面，建立了专攻智能制造的工厂。

“我们做事追求稳妥，担心把工业互联网变成一种概念化的东西。现在的风气，好像是追求概念，不追求做实。但和利时的特点是，做不实的东西我宁可不做。”徐悦谈道，工业互联网和互联网不是一个玩法。“用互联网烧钱赚流量的思维是做不了工业互联网的，工业互联网是不能靠流量赚钱的。”

在风起云涌的互联网上半场，许多人言必称“羊毛出在猪身上，狗来买单”。有人称这是“免费思维”，也有人称它“跨界打劫”，同时，还不乏许多反对的声音说这是一场风靡已久的骗局。盈利是企业最正当的使命，不管最终是谁来买单，最后总要找到人负责。“我们做业务问的最多的一定是：你如何赚钱？不能盈利的业务都是不可行的。”徐悦认为，互联网可以不顾一切赚取流量，然后靠流量生存，但工业互联网走不了仅仅靠流量生存这条路。因为相比消费互联网，工业互联网要复杂得多。

比如，一个工业互联网平台吸引了大量会员企业，以为他们提供服务为主营业务。但平台能不能提供有效服务？提供的服务又是不是企业需要的？每个企业都有自己的特色，有自己独特的生存之道，不是所有服务都能用。现在很流行“互联网+”，但工业互联网绝不是互联网+工业。

其实，早在“互联网+”概念火爆的时候，和利时就已经有所布局。徐悦说：“我们很早就提出‘云边端’目标控制的概念。直到目前还在开发中，或许到下一代的控制产品都还实现不了。”因为工业有工业的特点，工业互联网具有更为丰富的内涵和外延。它以网络为基础、平台为中枢、数据为要素、安全为保障，既是工业数字化、网络化、智能化转型的基础设施，也是互联网、大数据、人工智能与实体经济深度融合的应用模式，同时也是一种新业态、新产业，将重塑企业形态、供应链和产业链。

在复杂的工业互联网体系中，和利时同样选择“全产业链里，只吃一段”。“和利时很实在的，只做能做的事。”徐悦谈及和利时布局工业互联网时说，“在工业互联网里，我们同样是发挥自己的优势。IT企业能做的事，我们不占绝对优势的事，不会去做。”所以，和利时选择踏踏实实做好与自身相关的业务。

2021年10月9日，和利时重磅发布边缘智能控制器（EIC）、边缘智能一体机（EIA）两款新产品。此举标志着和利时已完成智能城轨综合业务平台（“云”）和边缘计算平台（“边”）整合布局，“云边协同”多维发力，也是和利时未来布局工业互联网的重要思路。和利时希望在改变被控对象方面发力，研发目标控制器。即开发安装在被控对象上的控制器，使被控对象成为智能体，帮助用户实现“全场智能化”。

在这方面，任重而道远，和利时仍将扬长避短，上下求索。

深耕“大交通”

在既有业务智能化之外，新业务拓展是实现“双稳战略”的另一条腿。

时间和环境的变化会将很多产品淘汰，我们熟知的数码相机被手机淘汰，手机短信被微信消息挤占得毫无市场。所以，企业要长远发展，还要不断地围绕自己的核心能力进行横向拓展。王常力强调和利时的横向拓展有三方面：老产品或老技术横向业务拓展；新产品和新技术向老用户拓展；多元化拓展。

但无论走向哪条路，和利时都坚持主航道思维，在主业上拓展，不盲目扩张。

无数企业的历史都阐明了一个道理：企业发展必须围绕核心业务。世界上能够长期发展并且持续占有市场主导地位的企业，大都是核心主业突出的企业，比如英特尔的处理器，微软的操作系统，吉列的剃须刀，麦当劳的汉堡快餐等等。而世界上死得最快的企业大部分是由于无节制的多元化而造成的。

企业的资源永远是紧缺的，聚焦发展实现最大压强，效率最高，伤其十指不如断其一指。控制系统可以说是制造业的命脉，如果一个国家没有成熟的控制系统，就不可能有强大的装备制造业。和利时深知这点，一直坚守主航道，坚持自主开发和制造控制系统。可以说，和利时发展任何新业务都是其核心能力的外延，并且该新业务的成功一定会进一步强化和利时的核心能力——交通信号业务就是最好的佐证。

所以和利时的新业务拓展，一方面是探索在熟悉的轨道交通领域里，有没有上下游拓展的可能。比如在铁路的其他专业、其他细分领域有没有新机会。另一方面是除了轨道交通之外，有没有其他发展机会。

比如，和利时深度拓展了以地铁为主的城市轨道交通业务。和利时在交通领域以铁路信号业务起家，业务范围顺理成章地延伸到地铁。因为高铁和地铁的信号系统技术实际上是相通的，所以和利时开发地铁信号产品和综合监控产品并无技术障碍，甚至称得上是得心应手。

除铁路业务外，城市轨道交通自动化业务也一直是和利时的主营业务。2001年，和利时承揽了第一个城市轨道建设项目工程——

北京地铁13号线的综合监控系统，开创了国内综合监控系统的先河，该系统被列为国务院重点建设项目。

2006年11月，和利时第三代MACS–SCADA系统被科技部、商务部等四部委共同认定为国家重点新产品计划项目，并获得北京市科学技术奖二等奖。2013年，和利时开始研发第四代综合监控产品MACS–SCADA4，在产品设计和研发过程中严格遵循EN50128/EN50129欧洲标准，最终通过了第三方独立评估机构的SIL2级安全评估。随着云原生、大数据、物联网、人工智能等先进数字化技术发展，2020年，和利时发布了新一代综合监控平台——智能城轨综合业务平台TOS_1.0。目前，和利时已成为国内屈指可数的城市轨道交通自动化控制系统主力供应商之一。

在中国，城市轨道交通的历史并不长，但发展势头十分迅猛。在未来一个比较长的时期内，城市轨道交通需求仍将客观存在。根据其他发达国家经验，当城市化率超过60%，作为城市生活重要标志之一的轨道交通就将迎来黄金发展期。根据全国第七次人口普查数据，2020年我国常住人口城镇化率达到63.89%。城市化的加速无疑将成为轨道交通发展的最大契机。

事实上，早在2005年后，二、三线城市便跃跃欲试，纷纷开始筹划城市轨道交通项目，但直到2009年，城市轨道交通才作为国家经济刺激政策的一部分而得以开闸放行并大规模推出。由于城市轨道交通建设资金投入大、周期长、工程难度大、审批环节较为复杂，分析人士认为，2010年后才算正式进入了轨道交通建设的黄金期。

在此后的几年间，随着投资的快速增长，参与地铁信号的竞争者迅速增加。国际知名的信号企业几乎都在中国地铁信号市场上获得一席之地，特别是来自欧洲的信号巨头逐渐占据了统治地位。而国内的地铁信号供应商，也通过与国外企业组建合资企业、组成联合体，甚至以自主开发的方式快速进入地铁信号市场，大量企业分别在不同的城市站稳了脚跟。

但遗憾的是，和利时并没有抓住那个黄金时期。在国内地铁信号市场快速发展的红利期，和利时的主要精力还是在高铁信号领域。竞争对手环伺，和利时如何后发制人？

世上没有不可能的事，也没有容易成功的事。有时候你觉得很苦，那是上天在给你准备惊喜。困难时想想愿景目标，就不会再觉得苦。稻盛和夫曾经写道：不少企业家仅仅因为流失了一两名员工，或由于资金周转困难，事业发展不顺，便开始嗟叹“不行”。对于这种态度，我不敢苟同。有的人还说：“汽车也被高利贷公司收走了，剩下的只有债务和几名员工，我只有放弃。”但在我看来，没有汽车，好歹还有自行车，哪怕连买自行车的钱都没了，城市里有的是别人扔掉不要的自行车，随便捡一辆，骑着它去跑业务也行。

归根结底，抱怨“事与愿违”者，往往是自己主动设置障碍的人。给自己设置障碍、限制自己能力发挥的做法，当然会导致事业失败。而没有任何抱怨的和利时团队，正是“没有自行车也要找自行车”的那类人。

和利时发现，城市轨道交通发展已呈多样化发展趋势，尤其是城际轨道交通线和市郊线的建设越来越多，大运量、中运量、市郊线多种形式并存，已在建和准备实施的制式已达6种：大运量地铁、中运量轻轨、跨座式单轨、城际快速铁路、磁悬浮、直线电机系统等，这些都引发出对新型交通方式的成套技术研究需求。

轨道交通是复杂的运输系统，运用现代电子信息技术，实现人、车、路、环境及设备在列车运行中的信息沟通，保证协调运转，实现轨道交通智能化。有业内专家表示，轨道交通的信息系统，如综合监控、信号系统等占总建设投资5%～8%，是轨道交通的“大脑和神经系统”。由此可见，国内地铁市场还将保持较长的发展期。即便起步稍晚，但只要找好突破口，和利时还有很多机会。

而找到突破口的关键在敢于改变。徐悦认为，要以未来的眼光来看待用户、看待自动化、看待和利时，必须产生一些变化，这样才能将业务深化。

时至今日，以地铁信号系统和现代有轨电车信号系统为基础，和利时已经形成了针对地铁、轻轨、有轨电车、中低速磁浮、单轨、APM等不同制式的城市轨道交通列车运行控制系统整体解决方案和系列产品，所有产品均完全掌握自主知识产权，可根据运营环境及不同需求，量身打造更加贴合用户的列车运行控制系统解决方案。

与此同时，和利时深耕“智慧地铁”。以云、人工智能、大数据等智能技术为手段，研发了综合智能运维解决方案，可实现智能互联、智能可视化、智能检修和智能计划，打造轨道交通智慧运维新前景。通过一体化管理平台，使用一套系统实现对运维管理多维度的高效统一管理；通过自动、实时、全面透彻的感知，强调物与物、人与物、人与人的全面互联、互通、互动，处置由事后向事前预警预测转移，实现预测维修管理模式落地。

未来，和利时还将实现基于“车车通信”的信号设置，由列车自己主动控制列车控制系统。通俗来讲就是，将来由列车根据情况来自主判断，决策采取最优化的控制，而地面就变成了辅助，真正实现地铁的智慧运营。

从地铁领域扩大开来，在控制类的信号系统领域，和利时推出了“四网融合”的信号系统解决方案。所谓四网就是地铁、市域铁路、城际铁路，还有干线铁路（高铁、普铁），目前这四种轨道交通系统都是分立的，信号控制制式各不相同，因而无法实现联网互通。

现在的信号系统设备比较分散，比如地面分成了联锁、ZC等，分散造成了维护点比较多，接口增多，造成故障可能增加。所以，和利时提出“容器化”概念，即信号系统集成一体化方案，将地面、车载相关设备分别集成在一个平台上，减少接口，增加可靠性，提高安全性。同时，此平台拥有了统一的数据存储与管理，为日后智慧城市的各种运用打下基础。

再想大一点，把“轨道”二字去掉，在交通领域，和利时要在公路方面有所突破。

如果是去做公路的传统基建项目，和利时并没有什么优势。所以，和利时瞄准了智慧公路——在现有公路上，叠加新一代信息技术。人工智能、大数据、机器视觉等新技术的涌现，为公路领域引入新的技术和解决方案提供了支撑。因此，和利时选择了相对新颖的方向——公路监测、灾害监测、车路协同等。徐悦谈道：“我们国家高速公路建设得很久了，但在高速公路运营养护领域，头部企业不多，小企业居多。和利时还有空间，在公路上做出特色。”

每年冬天，因道路结冰、雨雪、团雾等天气造成的交通事故频发，天气条件已成为除人、车、路等原因外，影响行车安全的重要因素。据有关资料显示，我国30%的交通事故是由恶劣天气导致的。

目前，针对气象条件的传统交通安全保障方案主要有两种：一种是交管部门通过视频监控、图像识别等技术实时监测道路的积水、积雪、积冰等状况；一种是通过天气预报对不利气象进行汇总，进而映射为对路面的预报。前者属于被动的实时监控，由发现特殊路况到指令下达，时间上存在滞后性，且现实情况下监控能力还无法做到全密度布局；而后者机械的映射预报则会存在因信息误判导致经济损失的风险。两种保障方案都存在一定缺陷。

为此，和利时推出集精准交通气象系统、行车安全智能诱导系统、凝冰监测预警及处置系统以及AI视频气象灾害识别系统四大功能为一体的准全天候通行系统。该系统综合运用雷达回波、卫星云图、WRF模型等先进技术，实现对交通流和气象环境的全面感知、精准研判、高效联动、主动干预，为高速公路提供“公里级预报，分钟级预警”气象服务。

而在智能运维养护领域，和利时提供桥梁状态实时监测与评估系统、边坡状态实时监测与评估系统、AI视频巡查系统、公路机电养护系统及智慧服务区系统。

这几大系统，各有分工，可谓达到了公路运维养护的全覆盖：桥梁、边坡状态实时监测与评估系统，通过在桥梁、边坡结构上合理布设传感器和传输设备，监测桥梁的结构变形、应力等情况，以及边坡位移、倾角、土壤温湿度等指标，当超过预警值时可及时预警并进行监测数据分析，显著降低桥梁、边坡运营维护成本，可靠保障桥梁、边坡运营安全；AI视频巡查系统通过人工智能对高速公路上白色垃圾和道路病害（裂缝、坑槽等）的自动化巡查，实现养护管理的规范化、精细化、智能化；基于GIS地图的公路机电养护系统，可实现机电设备基础管理、设备监控预警、养护巡检维修、数据汇总分析、设备知识支持等功能；智慧服务区系统既满足面对外部的加油充电、维修救援等服务，又可实现对人流、车流等数据的汇总、计算、分析管理的内部运营管理，提高服务区的经营管理效益。

基于多年在轨道交通、隧道、管廊等领域的自动化技术经验积累，和利时在技术创新、工程实施、前瞻布局等方面，正在打通智慧公路行业发展的"任督二脉"，使"大交通"全产业链布局成为可能。

通过既有业务智能化和新业务拓展，和利时在收入规模和利润规模方面都有了持续的提升，在"大交通"方面，他们为自己博得了一席之地。

快速跨界的"秘密武器"

从单一产品到产品线齐全丰富，从轨道交通到"大交通"，对和利时而言是一路跨界的结果。但产品从无到有的这一过程，对和利时而言并不困难。因为和利时有自己的武器——平台化开发模式。

从最初的既有铁路线提速，发展到客专，最后发展为高铁；从高铁信号系统，到地铁信号；综合监控业务从轨道交通，到公路交通，和利时的产品不断变化、不断升级、不断迭代。和利时能将积累的技术快速移植到新领域，实现快速产品研发，正是得益于和利时的三大开发平台：地面平台、车载平台、软件综合自动化平台。

"在技术方面，和利时的最大优势就是平台式产品开发！"徐悦的语气里，透露着自豪。他解释道："这是和利时的核心竞争力！这不是几个人的事儿，这里边有管理的问题，有技术沉淀的问题，有组织资产的问题。所谓‘铁打的赢盘’，就是说我没有的东西，可以很快就有。从无到有的过程，对和利时不困难，这是最核心的竞争力。”

和利时的两类主要产品，车载设备和地面设备都有一个共同点：功能分散，但产品之间联系紧密，各个产品可以组合成为一个高安全级别的应用系统。

最初，和利时的每个产品都要根据具体使用场景单独设计硬件，开发操作系统，开发产品之间的通信接口、通信协议，进行产品冗余方案的设计，实现SIL4级要求的各种安全检查等。

这就导致大体相似的设计开发工作，每个项目组都要各自做一遍，比如："二乘二取二"的安全系统架构，每个组都要实现。而且当发现一个问题时，还要在多个产品上重复解决同样的问题。甚至，如果一个"通病"没有被公开出来，这个问题极有可能在其他产品上继续被忽视。

由于每个项目都需要做全套的技术工作，但在预算、人员有限的情况下，不可能给每个项目都配置全工种的开发人员，所以只能一人兼职多岗。但真正能了解并熟练掌握多种技术的人员并不多，这也就造成了各个开发组都有自己的弱项。而且，要实现人员在项目组之间高效的流转切换，需要投入较大的管理成本才能实现。

面对这些问题，和利时决定打造能支撑轨道交通各个应用产品的产品平台，以保障同类产品和技术的自主开发。

经过几年的努力，和利时不仅开发了有自主知识产权的地面平台、车载平台和软件综合自动化平台，而且地面平台和车载平台都达到了安全产品的最高安全等级——SIL4级。

这样的平台极为复杂，打造起来并非易事。但一切为了安全，是和利时的最高标准。因此，和利时投入了最精锐的力量，将各个应用产品的骨干人员组成“特种部队”，一起探讨各个产品在现场的应用场景，总结得出不同产品对平台的需求。同时，对现有产品的经验教训取其精华、去其糟粕；研究现有产品的实现方案，讨论哪些方案合理，哪些方案不合理；还要考虑在产品的生命周期内，行业未来可能的发展前景对现有产品造成的影响，以及进一步的需求。

就这样，这个“特种部队”经过反复总结、提炼、建模，终于得出了一个相对合理的系统需求与架构方案。

在地面平台、车载平台开发完成之后，和利时的产品平台已具雏形。这两个开发平台，支撑了轨道业务的所有产品线，是和利时得以实现产品快速交付的基础。此后，无论开发铁路产品、高铁产品，还是地铁产品，都不再需要重复做基础的开发工作，只需要根据不同的应用场景进行二次开发，从而节省了大量工作和时间。同时，各个应用产品在平台上不断搭建，反过来也对平台提出了进一步的改进需求。平台和应用相互推动，促使产品开发进入了正向循环的状态。

更重要的是，安全平台开发完成之后，使得后续的产品研发朝着专业性分工发展。开发应用产品的人员可以把精力更多地用在轨道行业标准上，而不必再精通如何实现诸如“二乘二取二”的技术。开发平台的人员，也可以把精力更多的集中在软硬件技术上。这使得研发人员能发挥各自的优势，站在平台的“肩膀”上，将工作做得更精，更深入。

虽然海外的信号安全系统都是通过构建安全平台开发新产品，但国内信号企业还处在根据每一个相应需求单独开发的阶段。

随着三大开发平台陆续上线，和利时填补了与国外同行的差距。后期，和利时还引入了自动化设计工具，平台加工具，大大提高了开发效率。显然，当公司发展到一定规模以后，平台化的开发路线会令研发创新事半功倍。

正因为有了开发平台，所以在面对新的行业领域时，和利时才能用已有技术，通过硬件的排列组合，再加上软件开发，组合成为新产品，迅速实现新的行业覆盖，同时显著提高新系统产品的成熟度和安全可靠性。不仅如此，通过三大平台的开发，安全的理念深入人心。和利时地面平台、车载平台的开发全程，都与国际知名认证公司合作——开发的过程相当于给公司的研发人员进行了一次培训与实战演练。和利时研发人员对开发过程、产品标准、安全理念都有了全新的认知，对标准的理解也逐步深入，而不再机械地停留在条款的字面意思。参与这一过程的人员，也在此期间潜移默化地将“安全”两个字刻在心中，并代代传承。

由于具备了根据应用需求快速进行产品定制的能力，和利时既可以快速为单一客户提供个性化定制方案，同时又能保持业务的规模经济。在产品和方案的交付上，和利时已然可以在范围经济和规模经济之间掌握最佳平衡。

小步快跑，永不停歇

稳中求进，是做好经济工作的根本方法。于企业发展而言，同样如此。

“觉得什么钱都能赚，这样的企业资金链一断就死了，就是自己埋下祸根。”徐悦谈道，和利时一直以来都坚持“绝对不盲目扩张”。因为有太多企业倒在了快速发展的路上。

王常力一直认为，和利时的发展也要“稳中求进”。每年保证发展，但是绝不冒进。这意味着，业务要有节制地稳定发展，不搞盲目扩张、盲目多元化，当外界市场环境特别好时尤其应该保持谨慎，控制节奏，绝对不能因为发展过快而导致资源不够，影响了履行承诺的能力。另一个层面，即使条件再困难，也要保证一定的发展速度。

国际知名的自动化公司都有百年以上历史，王常力常将和利时的事业比作一场马拉松比赛。马拉松比赛取胜的关键不是速度有多快，而是体力和意志力。一个好的运动员，首先必须有足够的体力，从日积月累的科学锻炼中获得强健的体魄。然后要有坚持既定速率的意志力。其实马拉松运动员不是在跟别人比赛，而是在跟自己比赛。不管当时的天气状况如何，不管当天的心情如何，也不管当时的身体状况如何，除非不想比赛，否则每一公里都必须坚持跑出自己规定的速度。

还有非常重要的一点就是，坚持自己的节奏，不为外界所影响。不管开始条件有多好，别人跑多快，自己绝对不能受到太多干扰，否则一旦打破自己的节奏，很可能跑不完全程，或者最后因为太累而影响成绩。马拉松比赛的一个重要特点就是，最终成绩与每一秒都相关，但全程中任何一段的具体成绩都无法决定最后的成绩。

企业的发展也如是。王常力说：“我们如果为自己规定一个适当的发展速度，比如每年增长26%，三年增长一倍。那么，公司必须根据每年的市场情况来调整各不同业务的发展速度，调整资源配置，确保每一个业务按规定的速度递增，不给自己任何借口。同时，必须控制住领导层的虚荣心，条件好时也要综合公司的能力和资源，不可冒进。”

管理大师德鲁克总结过一个极为重要的管理原则：做正确的事，而非正确地做事。对一个企业来说，忽快忽慢的发展，必然会造成某种伤害和损失。维持既定速度，才是发展大义。

当然，在一些特殊的关键阶段，必须及时借势。任何具体业务的发展都符合市场培育期、高速成长期、成熟期和衰退期的规律。在高速成长期如果跟不上市场成长速度就会被淘汰。例如，2006年到2007年的铁路信号业务，就处在需要迅速扩张的阶段。在高速成长期，和利时必须集中投入公司资源，满足用户要求快速成长，否则就会错失大好时机。企业在发展过程中，要经历许多这样的关键点。如何进行平衡，是每个管理者都要经历的取舍。

市场竞争风云莫测，环境随时会发生突变。面对无法预料的未来，学会保存实力是基本功。一个马拉松运动员绝对知道如何保存体力，一个长寿的企业一定要保存实力。

稻盛和夫与松下幸之助有一个关于“水库式经营”的故事流传很广。在听到松下幸之助说“我们必须要有不建水库誓不罢休的决心”后，稻盛和夫感到“似乎像电流击穿身体似的大冲击，既茫然若失又惊叹不已。因为松下先生的话对我来说简直就是真理。”

“水库式经营”，就是经营顺利时，赚的钱不要全部用光，要像水库一样，把一部分钱储存起来，当经济不景气时，储备的利润可以用来救急，起到调节作用，避免企业发生危机。据说，为了避免企业发生危机，京瓷一贯实践水库式经营，有丰厚的资金储备。哪怕京瓷七年没有订单，员工工资也能付得起。

其实，企业应急资金即内部储蓄金就是“水库”，这一直是优秀日本企业坚持的法则。日本众多企业之所以饱尝危机，仍能够屹立不倒，很重要的一个原因就是给自己留有足够的应急资金，同时不盲目扩大规模。危机期间，有些难以为继的企业会从银行等处贷款度日，而优秀企业则会取出之前在盈利期间积累的内部保留金，从而让企业免于陷入倒闭境地。在日本，那些真正有实力的企业，基本上能持有员工一年所有薪酬5倍的资金。有了这样一笔内部保留金，在漫长的危机期间，即使销售额为零，企业还是可以保障员工的生活，并能够继续发放足额薪资。

和利时有与稻盛和夫“水库式经营”理念不谋而合的资金管理制度。

王常力说：“我们要建立一家百年公司，就要自己保证在最困难时要有足够的资金渡过难关。和利时公司今后的发展过程中，要建立一个保守的资金管理制度，公司的现金储备要足以支付一年时间必要的工资和运营资金。”

“长风破浪会有时，直挂云帆济沧海”，这可谓是和利时发展历程的真实写照。多年来，和利时聚焦行业客户需求，真诚地为用户设想，持续投身轨道交通列车运行控制系统领域，为全面实现信号系统全生命周期的智能化、智慧化升级而不断努力，探索更加长远的未来。

在这条竞争激烈的赛道上，和利时将继续跑出马拉松般的稳健步伐，小步快跑，永不停歇。

第6章

业务根基

技术与研发

产品经营三部曲：销售一代、储备一代、预研一代

长期以来，和利时坚持依托技术创新优势，积极进行自主创新，推动业务增长。

徐悦介绍说，和利时持续加大研发投入，并一直保持研发投入占营收的比例达到10%左右，这是和利时连续实现营业收入快速增长的基石。

2020年，受新冠肺炎疫情影响，和利时的营业收入一度下滑。但2021年，和利时的创新优势体现出来，相关业务显著增长。

而2021年和利时获得稳定发展的原因，与技术创新密不可分，对此，和利时团队曾经做过分析：坚持以自主创新驱动业务发展，持续投入资金对新技术、新产品进行研发，坚持科研成果的推广与产业化应用，对高素质人才的持续引进和培养，科学和高效的用户需求管理——正是通过不断强化和落实这些理念和方法，持续地对产品和服务不断匠心打磨，才让和利时赢得新市场的接纳和认可。

“技术创新是和利时持续增长的动力源。”徐悦说，“我每次会上几乎都要讲，对和利时这样的企业而言，没有创新，再努力也是事倍功半的。”

徐悦谈道，除了研发投入较高外，和利时研发人员占全体员工比例大约为35%，相对于国内企业的平均水平来说，这两项指标都是比较高的。和利时在管理、业务模式等多方面进行持续创新，目标是充分发挥人力、物力资源的效能，提高投入产出比。

正如诺贝尔经济学奖获得者、激励理论奠基者詹姆斯·莫尔斯所说："可持续竞争的唯一优势来自于超过竞争对手的创新能力。"而和利时的持续成长，离不开创新驱动。

当然，创新不等于全新，创新是一个扬弃的过程，在什么时候应该传承，什么时候应该创新，和利时人有自己独到的理念和经验。

和利时团队务实不务虚，在技术创新方面始终抓住"需求"这个核心，充分考虑客户需求、工作需求以及工作人员的人性需求。从需求出发，使创新活动落到实处。

在多年前的一次研发项目工作汇报会议上，王常力对研发工作提出四项要求：一是干部和项目经理要关注"人"，了解下属的性格和才能，有针对性地管理；二是项目开发人员要走上"前线"，项目经理必须对前端的客户需求做到需求明确；三是所有硬件开发相关人员在开发早期，当基础器件等基本锁定时，尽早与采购、生产做好沟通；四是做好绩效考核，设计出能够激发研发人员干劲，又使研发人员获得相应报酬和尊重的考核机制。

这四条要求，可谓是和利时技术研发管理的方法论。

创新不能急功近利、急于求成。"两弹一星"功勋程开甲先生曾说："自主创新首先要的是踏踏实实，从实际出发，要懂得实际，在工作实践中发现新问题，才能有创新。"和利时的技术创新正是如此，踏踏实实，厚积薄发。

比如，除了颇具特色的平台式孵化外，和利时在技术研发方面的亮点，还有"三代产品概念"——销售一代、储备一代、预研一代。

"和利时的研发投入一直比较高，这里面就考虑到我们必须持续地改进各类产品。和利时的研发不是推倒重来式地开发产品，而是不断优化，都是有延续性的。不过，下一代的技术储备也持续在做。我们的产品大多都是‘人命关天’的，所以一定是在安全的基础上，逐步探索和推进。”徐悦说。

显然，没有核心能力就没有核心竞争力，没有核心能力的企业往往难以获得客户与社会的尊重，只能靠商务关系维持企业生存。紧跟市场脚步、保持核心竞争力的唯一途径是持续创新。陶行知说：“有发明之力者，虽旧必新；无发明之力者，虽新必旧。”只要积蓄“发明之力”，保持持续创新，就能恒变恒新，永不会落伍。

持续创新是和利时人的共识，充实“发明之力”，则是他们一直在进行的工作，并且取得了现实成效，也预示了和利时未来充满希望的前景。

和利时高管曾在《和利时列控技术十年发展历程与未来展望》一文中，充满自信地写道：

目前，和利时拥有的多项成熟核心技术可以为铁路信号的未来发展发挥重要作用，包括高性能的安全控制系统主处理单元、高速内部通信总线、实时数据库、基于3D技术的HMI（人机界面）等技术，都可支撑和利时后续产品的持续创新。近几年，和利时在搜集部分重点海外市场需求的基础上，提出了自己对下一代列控系统发展方向的认识，并进行了系统开发、产品认证等工作。这些成果，将为中国高铁尤其是信号列控系统“走出去”增加重要的竞争优势……我们只有“走出去”，才有可能成为真正的引领者。中国铁路是我们成长的基础和发展的源泉，我们必须一如既往地做好保驾护航工作；全球的轨道交通市场，是我们展示能力和才华的新舞台，我们要以饱满的热情，用最新的技术、最安全可靠的产品、最优质的服务迎接更大的挑战。

挥洒于世界大舞台，是和利时人共同的梦想。梦想不会停止，和利时人在创新路上的脚步也将永不停歇。

创新："V模型"下的安全有效创新

"有效创新"，是和利时产品研发、技术创新的一个指导原则。

什么是"有效创新"？"创新必须强调满足用户需求。"王常力说。真正的创新"不是凭空创造概念"，只有以客户需求为导向，并在一定纪律约束下的创新，才能创造市场欢迎的技术与产品，使创新成为公司稳定持续成长的发动机。

显然，创新有基础研究和应用研究两个层面，基础研究在于认识未知，发现规律，形成基本理论，很少考虑功用；而应用研究则着重于"用"。对企业来说，必须依靠利润才能生存，一般没有能力从事只有投入没有产出的基础创新。在企业的观念中，那些能产生实用价值、实际价值的创新才是有效创新。这也是和利时人的基本理念。

创新可能带来业务增长机会，也可能带来失败风险。王常力曾说："自主创新，确实人们提得很多，但有时也带有一丝苦涩。创新是为产业发展服务的，而不是为技术服务的，最根本的是要有一个好的机制：长期创新需要高投入，风险很大，但结果可能事与愿违。作为一家长期投资公司，和利时的信条是：抵住诱惑，耐住寂寞，稳中求进。"

汪小亮从另一个角度分析了创新需谨慎的道理："轨道交通系统涉及人、车、道路、设备、环境等多种要素，是一个多学科、多专业的复杂巨系统，任何一个环节的变更都可能导致整个产业链相关的调整，可谓牵一发而动全身，因而轨道交通技术创新的变革慎之又慎。”

显然，信号产品不像是IT产品，过一段时间就得推陈出新，不发布一个新版本就没有市场了。信号产品的逻辑往往能持续数十年，往往并不会做太大的改动，只做一些边边角角的修改。

“我们有句行话：安全问题都是改出来的。往往一些产品就怕改动，一改就会出问题。如果没有经验积累，会觉得某个环节是不需要的，可以删掉或者改动的，但往往会出现问题。也许这个环节对应的就是一次教训，所以我们在创新的时候也是很谨慎的，经常告诫技术人员‘你现在埋的坑，迟早会显露出来’。所以我们搞创新时，一定会控制住安全的边界，凡是多年沉淀下来保持不变的，一般都是安全的核心部分，比如一些核心的算法，就尽量不要改变它。”汪小亮说。

为了兼顾安全和创新，和利时引入了交通信号产品的一种“V模型”。谈及这个“V模型”，汪小亮兴致勃勃地介绍道，“就是通过一种标准的方法和套路，来确保流程的正确和安全。就相当于一个标准的流水线，只要在这个方法、套路下干活，它能够大概率保证结果的安全性。另外还有不同的角色分工，可能一个人在前面推进，后面有三个人在看着他，比如说有做测试的，有做验证的，有做确认的，一遍一遍、一层一层地做检查。在这种方式下，用不同的技术、不同的方法走不同的流程，最终达到不同的结果。这个‘V模型’是交通信号安全产品里面独有的。”

谈及“V模型”，徐悦说：“和利时采用基于‘V模型’设计的工作流程，使从用户需求、总体设计开发、单元测试、产品发布到工程实施的整条流程可双向反推，有效地提高了对产品安全性的把控。”

汪小亮谈道，和利时的研发体系，包含质量、测试、开发和技术管理等，将近有400多人。“这里面包含安全产品研发团队和非安全产品研发团队。在安全产品开发方面，有点像师傅带徒弟式的传承，大家的理念要保持一致。如果理念不一致，有时往往不产生价值，甚至会产生垃圾，还需要有人来打扫，就是做无用功了。”

其中，安全产品研发团队首先要确保结构的稳定性，其次就是要求严谨、认真，守住安全底线——这是最关键的。而非安全产品研发团队相对来说就灵活一些，追求敏捷性，追求速度。“比如怎么将产品在保障质量的前提下迅速落地，是非安全产品研发团队需要做的事情，这里就没有太多的条条框框。两个团队遵循的流程也都是完全不一样的。”汪小亮说。

和利时结合在自动化领域深耕多年的经验，借鉴业内先进管理理念，以市场为导向，自主创建了一套完整的、适用于自身业务开展的、覆盖产品全生命周期的研发管理体系，包括产品管理、项目管理、产品开发、技术开发、支撑平台五个模块。

汪小亮介绍说，和利时对产品生命周期及生命周期各阶段的输入、入口准则、执行角色、活动、输出、出口准则、参照的标准规范等要素做了明确，并借鉴“V模型”搭建了和利时研发产品生命周期模型。基于这一模型，截至2021年，和利时轨道交通自动化业务已建立了10余条产品线，并采用了过程控制图、QIT等质量管理工具，产品生命周期各阶段得到良好的质量控制。

同时，和利时基于自身业务开展需要，自主开发了研发项目管理平台，用来规范开发过程中的配置管理活动，确保在项目的整个生命周期中建立和维护项目产品的完整性、正确性、可追溯性和一致性。随着不断地探索与创新，和利时创建了基于Jenkins的自动化编译方法，确保配置管理过程中的编译版本正确性、可追溯性，工作效率得到大幅提升。

为了提高产品开发质量和效率，和利时开展了产品研发标准化建设工作，通过对各项管理活动进行梳理，对管理行为、技术要求、操作规程做出了统一规定，进而转化成规范的流程和动作，形成人人遵守的行动准则，最终实现“上标准岗，做标准事，干标准活”。

在这一研发体系下，和利时人向满足客户需求，超越客户需求，引领和推动行业技术发展，做技术领跑者的目标，正在一步步地实现。

研发团队画像：“学院派”里的“工程师文化”

“因为和利时的创始团队有不少大学老师，所以我们也经常开玩笑说和利时是‘学院派’。”汪小亮笑言，“不过，交通信号产品对技术人员的综合能力要求很高。如果是只注重理论，不注重实际，显然也是不行的。现在大学里有列车控制系统或者交通信号系统之类的专业，但实际上这一行对综合能力要求很高，就是各类技术的集合，往往也全凭实战经验的积累。”

其实，和利时的研发团队并非纯粹的“学院派”，用“工程师文化”来形容他们，似乎更为贴切。

以“工程师文化”为底色的和利时总体上是一家“内向”型公

司，不热衷于夸大炒作，主要靠苦练“内功”提升能力，通过优良的产品和服务来赢得客户。

“工程师文化”是近几年比较流行的一个概念。关于“工程师文化”的定义，一般的观点认为，有这几个特点：热爱创造；爱惜工具；永不满足；理性思维；好奇心；热爱自己的专业；疯狂到相信自己能够改变世界。

和利时的“工程师文化”，跟以上定义有相近之处，也有自己独具的特色。

如果要用一个最贴切的词来概括和利时的“工程师文化”，这个词可能就是：工匠精神。以极致的态度对待自己的产品与服务，精益求精，永远追求做得更好。工匠精神的内涵是三种精神——“追求卓越的创造精神、精益求精的品质精神、用户至上的服务精神”，这恰好也是和利时多年来倡导的精神品质，并渐渐融入企业文化中，成为和利时员工共同的特质。

有的客户发现，和利时的工程师有一个普遍的特点：沟通能力强。这是因为，工程师设计方案、研发产品，是以客户需求为导向，只有善于沟通，才能了解客户的真实需求；满足客户真实需求，才能提供客户满意的增值服务。

强大的学习能力是和利时人引以为傲的资本。“从战争中学习战争”，是和利时人常用的学习方法。没经验怕什么，走上一线“战场练兵”，经过几番摔打，该会的都会了，一个个“好兵”也练出来了。“打一仗”长一分功力，越打越强。所以，哪怕一位工程师刚进和利时还不善言辞，久而久之就能历练出来。

但另一方面，很多客户也都说和利时人“老实”，只知道埋头苦干。但“老实”的背后是“踏实”，是放得心的产品与服务——这是和利时研发团队的行事风格。

和利时人的“老实”和“踏实”，确实不同一般，“老实”是出于对技术标准的敬畏，“踏实”的一面是让用户心里踏实，另一面也是让自己心里踏实，对自己所做的每一件事问心无愧。所以，他们不仅能吃苦，而且能以苦为乐。

汪小亮坦言，做这一行精神压力会很大，因为肩负重任，不敢有任何闪失。除了长年累月在半夜的“天窗时间”进行调试、维护，和利时的技术人员的手机常年保持24小时开机。“以前往往是越到节假日事情越多，一到节假日就得出差，一到半夜就会接到电话，因为要保障铁路正常运营，这些年稍好一些，但工作强度依然很大。”

作为核心技术骨干之一，汪小亮经常被委以重任，和利时签下新加坡地铁项目后，他甚至有一段时间国内国外来回奔波。“那时基本上是新加坡待一阵，国内待一阵，因为两处都有重要的项目，回国后也是住在公司宿舍，一堵白墙什么都没有，做这行就得抛去杂念全身心地投入。”

而李剑觉得，能在高压力甚至有些枯燥的研发工作中找到乐趣，关键在于心态的问题。“其实就是视角的问题，这有半瓶水，乐观的人看到还剩半瓶水，悲观的人却说只剩半瓶水了。最重要的还是把工作做到位，做什么事付出百分之百的努力，交一份满意的答卷，你就会越干心里越有成就感。有时候编程的过程是挺枯燥的，但如果它是一个必经之路的话，枯燥也是一种经历，也是一种磨炼，最后自然也就会变成一种乐趣。”

李剑拿自己的一段经历，继续说明了这个问题。2006年，李剑和一位同事去日本和日立进行“系统联调”，一开始每天都有不少错误，甚至影响了项目的进展。“日立团队的态度还是很诚恳的，说没关系，慢慢改，但我作为项目负责人，脸上有点挂不住了，觉得不能再这样下去。那时正赶上周末，我跟产品工程师沟通好思路和架构后，让同事们周末去放松一下，把自己关在宾馆里忙了两天，把整个架构重新写了。这个过程自然是很痛苦的，但到了周一，再去调试时发现不再有任何问题，那时的喜悦和成就感早就盖过了痛苦，痛苦也早就烟消云散了。”

采访中，李剑引用了曾国藩的一句名言：“物来顺应，未来不迎，当时不杂，既过不恋。”短短十六字，饱含哲理。人就应该活在当下，不为未来所忧虑，也不因过去而痛苦，拥有了豁然明朗的性情与自心清净的处世之态，便能将当下过成人生最好的时节——这，可能就是和利时研发团队克服各种艰难险阻的内在驱动力。

研发技术、创造产品的过程很辛苦，技术服务的过程也很繁琐，这期间就需要依靠员工的精气神和自律意识。优秀的产品和优质的服务，不单单是靠制度流程实现的，还要靠人来实现，人的态度往往决定了产品和服务的品质。

和利时的研发团队，强调核心的关键人物，他们觉得，核心人物在研发中起着至关重要的作用。

“一个核心关键的人，是一个小团队的灵魂，如果没有核心人物，即便产品开发出来，往往执行得也不会好。所以我们经常会筛选出一些关键人才，让他们带领着大家去干，进行指导和检查。”汪小亮说，和利时并没有明文规定核心人物这个策略，但这已成为全公司上下的共识。“要么内部培养，要么外部招聘，总之必须要有。”

显然，核心人物并不容易培养，需要一定的时间。和利时的人力部门每年都会按照产品线筛选、培养核心人才，确保每条产品线都有1到2名“核心”。

和利时的研发团队关系简单而和谐，为了激发团队的战斗力和创造力，徐悦有意地不去“指手画脚”，甚至“装不懂”。“以前的技术方案讨论会，我最喜欢参加，之后再点评点评甚至批评批评。最后觉得这样不行，我不能再把自己当个专家，再继续当专家，一些事情就没法推进了。所以后来我干脆不参加技术方案讨论会了，有时知道了也装作不懂。这样才能让他们不受约束，海阔天空地探讨技术，才会有更多的成果萌生出来。”

关键时刻装不懂，这也是一种智慧。稻盛和夫曾说：“要乐观地思考，悲观地计划，执行时又要满怀信心与希望。”在做一件新的事情时，设想阶段需要大胆，计划时需要考虑到风险严密推敲，执行时则需要遵守原则执行到底。徐悦的“不懂”，正是为了让研发团队乐观地思考，可谓“用心良苦”。

时至今日，和利时最可自豪之处就在于，培养了一支具有工匠精神的工程师队伍，能够不辞辛苦地将“真诚地为用户设想”的经营理念落到实处，在推动业务成长的同时，也提升了和利时的品牌形象，助力和利时这艘巨船不断扬帆远航。

飞跃式发展：一部“技术进步史”

和利时的轨道交通业务，起步于中国高速铁路建设对列控技术的需求，壮大于中国高速铁路建设突飞猛进的进步。在这一过程中，和利时跟中国铁路一起成长，为中国干线铁路提速，客运专线和高铁建设提供了高可靠、高安全的全系列列控产品，为铁路运营提供优质、高效的服务。和利时从技术引进到国产化，从消化吸收再创新到自主创新的奋斗历程，既浓缩了中国铁路高速建设的发展轨迹，又成功开辟出一条中国铁路列控技术的飞跃式发展之路。

CTCS技术体系的建立

2003年，中国铁道部在国际铁路联盟大会上宣布，将以分级方式建立中国的列车控制系统，即从CTCS–0级至CTCS–4级。这标志着中国干线与高速铁路列控系统技术发展的帷幕就此拉开。

列控系统技术的门槛很高，和利时得益于在自动化技术领域的深厚积累，也得益于中国高铁技术国产化的宏大战略，有幸成为参与这场“盛宴”的“嘉宾”。

2004年，铁道部组织业内专家，起草CTCS技术规范，重点制订CTCS技术规范总则和CTCS–2级系统技术标准。这两项标准规范的制订工作，在中国铁路列控系统的技术发展史中占有开创性地位，为后续列控系统的深入发展奠定了良好的基础。和利时有幸参与到技术标准的制订工作中，对提升公司形象和行业地位产生了积极影响。

现在回想，中国高铁列控技术发展之所以能将技术引进、国产化、再创新之路走得如此成功，标准先行是关键。国家对技术标准规范的主动制订使我国掌握了技术发展与实践的主动权，使国外厂家的技术和产品为中国的标准服务，最终中国品牌产品实现了崛起。

和利时通过参与CTCS各阶段标准规范的编制工作，不仅毫无保留地贡献了自己作为控制系统专家所具备的知识和经验，更深入理解了中国铁路的行业需求，为其后续成功参与装备技术引进与国产化、再创新、自主化等更多工作奠定了基础。

既有线提速

2007年4月18日，中国铁路正式实施第六次大面积提速。正是从这一刻起，中国铁路开启了动车、高铁时代。这一段阶，铁路信号专业的主要目标是发展适用于既有铁路干线提速的列车控制系统，CTCS–2级列控系统在此阶段获得了广泛应用，使当初制定的CTCS技术规范和CTCS–2级列控系统技术标准得到了进一步验证和完善。

既有干线铁路提速，是中国列车控制系统CTCS建设的第一个实施阶段，也使中国铁路现代列控系统实现从无到有的历史性重大突破。以此为契机，和利时完全自主开发的地面产品——列控中心也进入了铁路市场，成为技术支柱之一。

另外，还通过与外方合作，和利时引进并国产化了列控车载ATP设备和列控地面电子单元LEU设备，并在铁道部的主导下，完成了中国首个CTCS–2级列控系统的系统测试、环行铁道试验、胶济铁路现场试验等一系列系统级验证测试活动，使中国铁路列控系统CTCS从标准规范走向了实际运用。特别值得一提的是，在中国铁路第六次提速开行首日，首次开行的数十列动车组，几乎全部使用了和利时和日立联合体研发、制造的CTCS2–200H型列控系统车载ATP设备。作为一支轨道交通自动化行业的新军，有此业绩，称得上打了一个漂亮的大胜仗。

与此同时，和利时通过参与各个方面的工作，取得了宝贵的实践经验，对列控系统相关的运营管理、设备研发、应用维护、技术规范体系等，有了全方位的认识。

客运专线建设

在参与列控车载ATP项目的同时，和利时还参与了时速200~250公里的客运专线建设。客运专线对列控系统的要求更高，对系统的安全要求更加严谨。CTCS-2列控系统中引入的一些新技术很具挑战性，最关键的工作集中在列控中心TCC上，比如建立了信号安全数据网，增加了区间方向控制、区间信号机点灯控制等多项功能，技术复杂性更高。

在首批合宁、合武、石太三条客运专线中，和利时承担了开通最早的合宁客专的列控系统建设任务。面对客专列控系统的大量新需求，和利时技术团队从设备技术标准、测试验收标准、工程实施标准等入手，从头开始设备研发工作，工期虽紧、任务虽重，但技术团队齐心协力，攻克了一个又一个难关，最终形成了客专CTCS-2列控系统系列标准规范和系统设备。合宁线于2008年4月18日开始全线开通运行，并于同年8月开始开行动车组列车。和利时团队仅在不到一年时间内就完成这项重大任务，技术实力和拼搏精神赢得了业界的高度认可。

高铁建设

2007~2008年，铁道部启动了300-350km/h高速客运专线信号系统的招标工作，三个中标的产品制式分别依托武广、郑西、广深港三条高铁线的工程建设，来组织技术引进和国产化推进工作，和利时承担了郑西和广深港两个项目的制式产品国产化实施及联合开发工作。

2008年，铁道部成立了CTCS–3级列控系统技术攻关组，和利时作为CTCS–3级列控系统的供应商，派技术代表进入了CTCS–3技术攻关组。

CTCS–3级列控系统由于采用GSM–R无线通信技术承载列控系统车地安全信息的传输，代表了当今世界最先进的列控技术水平，相对来说系统复杂度更高，技术实现难度较大。和利时克服种种困难，经过2年多的努力，顺利完成了攻关任务，助力郑西线于2010年2月开通，广深港项目广深段于2011年开通。在此过程中，和利时团队深入掌握了引进的关键技术，并为后来的自主化CTCS–3级列控系统开发奠定了基础。

如今，中国高铁的建设能力、运营规模、装备水平、运营质量、安全保障能力等多个领域都已达到世界先进水平，更有很多方面已跃升至世界领先地位，而这今非昔比的背后，依靠的是诸多核心技术和实践经验的积累。

随着列控系统技术的成功研发和应用，和利时逐渐成长为中国交通自动化领域的重要选手之一。

多年来，和利时成功研发了大量有代表性的自主知识产权技术和产品。在交通自动化领域，和利时有代表性的技术包括：多CPU安全冗余相关技术、实时系统中的多任务技术、高速现场总线技术、安全I/O技术等等。

“中国在高铁建设方面的空前投资规模给予了我们充分的应用实践空间。”徐悦充满自信地预言，“只要我们不断完善我们的产品和技术，同时根据不同的应用需求不断地进行创新，我相信在今后的铁路尤其是高速铁路的列控技术领域，最好的技术将在中国！”

安全基因：“安全”基因的变迁

“如果从理想主义出发，做安全产品，应该按部就班，一步一步地做；但是客观形势并不给我们这样的时间。”徐悦说，“我们做工程项目，经常称之为‘三边工程’，即边定需求，边开发产品，边工程实施，在这种形势下如何保证产品的可靠性、稳定性，尤其是如何保证安全性，无疑是一个很大挑战。”

有句话叫“理想很丰满，现实很骨感”，当理想跟现实相撞时，如果放弃理想就输了。和利时人的选择是让理想随着现实出发，在确保产品安全这个大前提下，不断成长自己，不断提高产品安全保障水平。和利时的轨道交通产品大体可分为车载产品、地面产品两大类。这两类产品的一个共同点是功能分散，但产品之间联系紧密，各个产品组合成为一个高安全级别的应用系统。在多年的探索中，和利时轨道交通产品安全保障体系的成长成熟，大体经过了四个阶段：

摸索阶段：用细致和勤奋补齐短板

2004年6月17日，铁道部委托中技国际招标公司为铁路第六次大提速进行时速200公里动车组招标。和利时联合日本日立信号公司，成功中标列控系统车载设备项目。当时，和利时虽然有不少轨道交通方面的专业人员，但在理论知识、技术经验、实际应用等方面与国际化一流公司相比，显然还有较大的差距。

虽然存在困难，但安全标准不能降低，项目目标也一定要实现。为了弥补人才不足的短板，和利时团队只能用主观努力克服客观困难：一是抓紧充电，在工作中开展各种培训，补上急需的知识；二是以老带新，对团队中经验不足的年轻员工，先安排他们做安全性要求不高的产品或功能的开发，由经验丰富的员工对他们进行指导，待他们积累了相关的经验、知识之后，再进行安全产品的开发和测试；三是以勤补拙，以严谨认真的工作态度和吃苦耐劳的精神弥补能力的不足。

由于和利时团队每一位成员都拼劲十足，对每一项工作都认真细致、精益求精，最终呈现的结果可以说超水平发挥，得到客户方和合作方的高度认可，项目也取得了圆满成功。

总的说来，这一时期，和利时项目团队有明晰的安全意识，不论付出多大努力也要确保产品安全，但尚未在公司层面建立安全体系，而是主要依靠核心人员的个人能力和团队评审来把关，虽然产品和项实施质量较高，也难掩安全管理水平较低的事实。

学习阶段：以强者为师，初建开发过程安全体系

日立公司作为日本知名轨道交通信号供应商，其安全开发思想和开发流程十分成熟。和利时与日立合作，最终目标是要完成日立ATP（列车自动防护系统）技术引进。日立的ATP技术虽然成熟，但

是要适配我国铁道部建立的CTCS–2体系和不同车型的国产化动车组，还需要根据特定需求和接口进行适应性修改，这也给了和利时可以全程深度参与适应性修改的环境。对和利时项目团队来说，这无疑是一个极好的学习机会。

在方案制定和产品研发过程中，对每一个需求、每一个技术方案和细节，都需要多方反复讨论和修改。有时候，一个设计联络会一开就是一周，每天讨论到晚上10点多，有时到了凌晨，还在为某个细节反复研讨。在这样高强度的工作下，和利时研发团队终于搞清楚了每一个需求和方案，也对日立ATP安全开发思想和开发流程有了初步了解。和利时研发人员还参加了在日立水户工厂进行的培训，系统学习了日立产品的安全设计思想和设计方法，受益匪浅。

在安全质量方面，日立QC（质量控制）团队的技术能力、严谨精神给和利时留下了深刻印象。在和利时当时的观念里，开发人员技术最强，是技术问题的最终决定者，测试团队只是辅助发现问题而已。但日立的QC人员比开发人员级别更高、技术能力更强，开发人员积累了丰富经验才转做QC。而且QC与开发是平行机构，QC的结论是独立的，完全不受开发的影响，可以有效降低开发人员人为设计等系统性错误的发生。

和利时在与日立合作的过程中，意识到了建立自己强大QC团队的重要性，于是抽调集团内有经验的QC人员参与到列控系统开发中；同时抓紧时间充电，利用周末进行信号专业知识培训，迅速提升人员能力。在此期间，他们还搭建了和利时轨道交通实验室及仿真测试平台，编写了测试案例库，使和利时的产品测试能力在短期内有了较大提升。

和利时一方面与日立合作，技术引进并国产化了CTCS2–200H系统；另一方面也在着手开发自主ATP控制系统——和利时CTCS–H型列控车载系统。日立的ATP产品开发自成安全体系，遵守的标准也是日系标准。和利时决策层认为，对于开发系统安全等级的认定，需要找到这个行业内通用的标准，也就是要找到行业安全产品认证的通用规则。经过权衡，和利时引进了欧洲铁路安全电子产品开发标准（简称EN安全标准），这一套标准囊括了硬件与系统、软件、RAMS过程和安全通信等过程要求，给和利时功能安全开发和应用体系的建立指明了方向。

有了标准，就有了明确的工作依据。按标准条款再对照200H系统的安全设计思想和设计措施，就有了更深的理解，达到了知其然而又知其所以然的效果。

CTCS–H系统开发过程中，和利时严格按标准要求的生命周期对各阶段工作进行划分，对产品的安全质量进行管控，并聘请权威独立第三方评估机构对产品开发进行安全评估，最终，CTCS–H型列控车载系统获得了首个轨道交通行业安全产品最高安全完整性等级认证证书，也获得了行业的高度认可。这款C2等级的列控产品，可适应250km/h行车安全的要求。有了EN标准成功应用于项目的经验，和利时初步建立了安全相关产品开发过程体系。

成长阶段：引进欧系技术，形成风险评价体系

和利时有了CTCS–2等级列控产品成功应用的基础之后，又同时分别与日立和安萨尔多公司合作，引进并国产化日系和欧系适配CTCS–3等级的两种型号列控车载系统和地面无线闭塞系统，以满

足动车组350km/h运营速度的控制要求。

在技术引进和合作开发的过程中，和利时深入学习掌握了欧系列控系统的设计思路，更加深刻地理解了EN安全标准。安萨尔多作为意大利信号公司，是EN安全标准制定的参与者。EN安全标准是欧盟各大铁路信号供应商智慧的结晶，只要按标准要求开发设计、实施开发流程，结果就是可控的。和利时通过CTCS3-300S列控车载设备和地面无线闭塞中心的技术引进，系统学习了安萨尔多的管理过程，逐渐深化和细化了EN安全电子产品开发的方法论。

当然，世上没有绝对安全，只有相对安全，在轨道交通领域也不例外。要评价风险是否可接受，建立相关科学评价体系是非常重要的。如果风险降低到可接受的程度，就可以认为是安全的。和利时借鉴行业优秀做法，形成了风险评价体系。相对于日系偏重经验积累，欧系固化标准的通用性和可接受性更强。因此，和利时产品按欧标开发，开发过程聘请独立第三方评估公司认定，由评估公司给出符合欧标开发过程安全等级要求的结论并颁发功能安全认证证书和报告——这个证书是整个行业普遍认可的。为了学好标准，和利时专门成立了安全技术部门，请来多个认证公司专家进行标准解读培训，集众家之长，初步建立了自己的安全质量管理体系，把各项工作标准化，并积累了大量经验。

随着郑西高铁350km/h列控系统的顺利上线，和利时在标准理论学习结合产品实际应用的基础上，初步沉淀了安全理念，同时在国产化过程中形成了自己的安全设计思想，建立了一套功能安全保障体系。至此，和利时功能安全管理理念和方法初具规模。

2011年，和利时成为香港铁路有限公司（简称港铁）广深港铁路香港段信号车载和地面设备的总集成商。港铁公司作为世界一流的轨道交通运营公司，其安全管理经验非常丰富，对其集成商、分包商乃至供应商的安全质量要求都极为严格。

某种程度上，安全性和可靠性是一对矛盾体，安全性的追求势必增加复杂性，而复杂性会降低可靠性。所以要对安全性和复杂性进行适度平衡。一个大系统中，要识别出哪些是安全关键单元，哪些是安全相关单元，哪些是非安全单元。并根据不同级别进行产品开发，制定产品维护策略。在港铁项目中，和利时安全团队从安全性与可靠性、可用性的平衡角度来研究、考量产品性能，以确保产品的安全稳定应用。

根据港铁业主要求，和利时配备了专职系统保障工程师，负责产品的定制开发和工程应用。按照国际惯例，港铁公司还聘请了独立第三方评估公司对整个工程项目进行安全性评估，和利时的产品质量和过程管理要通过项目自查、评估方审查、业主审核等重重审核。这一严格甚至苛刻的过程，对和利时来说是一个很好的学习和提升机会，使和利时的安全体系得到进一步固化和提升。

在港铁系统保障工作中，分包商管理对和利时来说是一个全新的环节。该项目共有30多个分包商，涉及安全关键系统的分包商定义为关键分包商，分包商的安全管理也是整个系统安全管理的重要一环。因为按合同规定，分包商的安全管理责任在于承包商。为了督促检查分包商工作，和利时港铁项目组按阶段进行分包商系统保障审计。在分包商中，有很多行业内的标杆企业，其内部已有比较健全的系统保障体系，对和利时有参考学习价值。从而，和利时提炼业主、评估方要求，借鉴同行做法，对自身的安全体系进行了补充、优化。

项目执行过程中，港铁公司按惯例每年对在实施项目进行质量评比，和利时先后获得港铁业主年度质量评比一金两银一铜的佳绩，也开创了港铁历史上，机电系统承包商获得质量金奖的先河。港铁项目是和利时国铁信号系统在香港地区项目的首次应用，和利时的安全体系得到了全方位的检验和提升。

成熟阶段：坚持自主开发，让自主品牌成为主力

和利时在技术引进成熟的列控系统时，除了摸索学习，进行国产化生产制造外，还探索研发了和利时自主产权的系统架构。采用通用平台加应用软件的结构，更好地进行了产品型号拓展，从自主ATP系统，到高铁ATO系统，再到新型列控系统，不断地适应市场，扩展产品应用场景。

和利时"引进来"，消化吸收"国产化"，再到技术创新"自主化"，每一步走来都不容易。经过多年的吸收沉淀，和利时掌握了列控系统的先进设计理念及核心技术，完善了基础设施及安全质量管理体系，培养和锻炼了一批设计研发人员，填补了与国外同行的差距，也为未来的安全产品走上世界前列奠定了坚实的基础。

汪小亮谈道，从依靠个人积累和突破，到完善组织结构，形成组织知识积累，完成工作标准化和组织行为复刻，和利时从初期的粗放目标管理到现在注重过程的精准管理。从对安全只有个大体概念到具体固化到组织工作中，安全文化、安全体系的建设在一次次项目的历练中逐渐成熟。

和利时制定了适用于轨道交通产品的安全方针，内容为"安全第一，尊重生命，依法合规"，在此基础上，他们严格按照EN安全标

准、GB相关标准、铁路标准规范进行产品开发、流程管控。

“安全保障，我们永远在路上。在轨道交通行业一路走来，和利时有汗水有收获，我们与行业伙伴、第三方产品认证公司、体系认证机构、业主共同成长，安全质量体系不断完善、优化。我们形成了安全标准培训、考试常态化的学习工作氛围。在举世瞩目的2022年北京冬季奥运会，京张高铁这条别样的冬奥‘赛道’上，也有和利时信号产品的应用。和利时人在保障设备安全稳定运行的同时，全面提升了设备运用质量，以和利时的方式保障了北京2022冬奥会的成功举办。”徐悦说。

当中国制造火遍全球之时，中国创造何时也能称雄世界？这是一个萦绕在无数国人心中的问题。只有中国创造，才能代表我们这个泱泱大国的风貌、底蕴和远景。要回答好这个问题，需要一批有信念、有决心、有能力、有担当的企业。和利时恰恰是这样一家企业，起步之初就确立了以自主技术和自主产品打造民族品牌的企业使命。

“和利时公司高管从来没有放弃过通过自主开发，创建自主品牌的产品系列。”王常力回忆说，“尽管自己的系统存在这样那样的问题，尽管国外名牌产品好卖，赚钱也容易，但我们从来没有动摇过。”

“为中华民族争口气”，这是王常力经常说的一句话，也是和利时人共同的情怀。和利时从诞生之日起，便注入了振兴中华的民族情结和“天行健，君子以自强不息”的厚重气质。

梦想牵引激情，和利时很快给业界带来了一串串惊喜：和利时自主研发了中国第一套国产轨道交通综合监控系统MACS–SCADA，从此开始涉足交通自动化领域。很快，和利时又瞄准了国产PLC系统的自主研发，在2004年，推出自主知识产权的LM小型PLC；又不负众望，于2006年推出国内首个自主知识产权的LK系列大型PLC。这些自动化技术的积累，为和利时大举挺进交通自动化行业创造了条件。

利时时进入轨道交通业务早期，在技术、设计思想、设计方法、安全理念、项目管理经验等多方面，采用了跟随策略，引进、消化、吸收外国公司的先进做法，同时进行自主创新，形成自己的核心技术和产品，也形成了自己的理念和经验。通过数十年的不懈奋斗，和利时在交通自动化领域的技术水平与国际先进水平已经基本齐平，大量的运营实践经验更是成为了自己独有的宝贵财富。

李剑谈道，“随着国家对自主知识产权推进力度的不断加大，和利时在城市轨道交通领域也做了很多工作，中国第一套国产轨道交通综合监控系统就是和利时研发推出的。可喜的是，国内其他企业也纷纷在做同一件事——创新，实现自主知识产权，逐渐把国外的产品挤向边缘，这是民族企业与国外企业同台竞技的必经之路。”

2007年，中国铁路第六次大提速，开启了中国高铁大发展的辉煌时代，和利时也迎来了轨道交通业务的高光时刻，通过自主创新，在列控车载系统、列控地面系统方面都取得了重大突破，为中国高铁实现国产化贡献了科技力量。

和利时没有局限于既往的成绩，不断开拓创新，从高铁领域跨界到城市轨道交通领域，又跨界到公路交通自动化领域，初步形成了“大交通”格局，不仅在技术研发上取得了重要成果，也带来了业务的持续增长。

跨界不是轻而易举，而是像飞车跃过黄河一样的惊险拼搏，要成功到达彼岸，需要百倍的勇气、智慧和不懈努力。

“从工业自动化跨到交通自动化，从高铁跨到地铁，再跨到公路，好像是一个很轻松的过程，和利时都顺利度过去了，没有经历过大的挫折。但作为我们局内人的感受是，不轻松，一点都不轻松啊！”汪小亮感慨说。

而和利时之所以能够在轨道交通领域迅速崛起并占据领先优势，得益于注重研发和技术创新的传统，以及早期在工业自动化领域积累下的非常丰富的项目实施经验。和利时的强项是产品、技术以及技术营销策略，而不是单纯的市场营销，这决定了和利时长期注重技术和产品的研发，常年保持人数众多的研发队伍，及时提供当下具有前瞻性技术的产品，以此来保持住自己的强项。

在视野上，和利时研发团队能够超越单纯的企业需求，站在行业顶层思考交通自动化技术发展方向，着眼于中国交通自动化行业在国际市场上整体竞争力的提高。

对于以技术见长的和利时人来说，用实力赢得客户的信赖是必然之事，因此，和利时在业务领域接连取得突破，承接了福厦线、兰新二线新疆段、京石武线、厦深线、广深港高速铁路、香港段、贵广线贵州段、大西线、济青线、郑万线、川藏铁路成雅段、京张线等多个标志性项目。时至今日，和利时已成为我国干线铁路、城际铁路列车运行控制系统主力供应商。和利时将通过持续扩大市场份额，不断增强品牌影响力，不断积累和持续提升盈利的能力，使业务稳定持续增长，为股东创造价值。

和利时人在城市轨道和高速铁路业务领域精耕细作20多年，让用户满意，服务民生，塑造出了“中国创造，世界品质”的良好形象，用实际行动肩负起中国铁路设备国产化的使命，成为民族品牌突围的一个极佳范本。

尊重生命：一切为安全让道

技术路径千万条，满足用户需求是第一条。和利时就是要用专业先进的方案、安全可靠的产品、让客户感动的服务为用户创造价值。不论时代如何变化，技术如何发展，用户对产品与服务的本质需求是不会变的。和利时认为，对于轨道交通来说，最终目的是确保人的安全、快捷和舒适，这三个核心要求中，安全是第一位的。

当然，可靠性不可或缺，在保证人身、财产和环境安全的前提下，还要保证设备的连续运转；还要兼顾高性价比，这里面包含了价格、质量、易维护性、备件的长期易获得性、服务是否及时到位等，是一个产品生命周期用户总成本的概念。

“我们做的是安全产品，如何保证产品的可靠性、稳定性，尤其是安全性，永远是我们所面临的最大挑战。”徐悦说，铁路信号已经从传统的方式，即以地面信号显示传递行车命令，机车司机按行车规则操作列车运行的方式，发展到了根据地面发送的信息自动监控列车速度，并由列控车载设备实施运行控制的方式。车载设备提前对各类数据进行处理，生成实时控制曲线，当列车超速后车载设备自动输出制动。若车载设备不能保证制动功能输出的安全性，那可能引发车毁人亡的重大事故。一言以蔽之，就是要做到“故障导向安全”。

显然，在安全产品中，安全是“1”，资金、技术、人才、管理、战略等等都“0”，如果没有“1”，一切都会归零。道理简单，知易行难，怎样确保产品的安全性？和利时主要从三方面进行提升：安全管理、安全技术、安全经验。

向高标准看齐，将“安全重于泰山”的理念、“一切为安全让路”的理念贯彻到管理过程中，培养深入骨髓的安全意识和“人人抓安全”的安全文化。“和利时进入轨道业务以后，就把欧洲铁路相关的一整套标准体系搬了过来，从技术控制的过程、产品开发的过程，到工程实施过程、服务过程，全套安全标准管理体系引到和利时来了，当时我们每个产品都要去做欧洲标准的安全等级认证，在国内和利时是第一家这样做的，在国内起了个头。”徐悦说。

除了引进欧洲标准的安全管理体系，在现场管理、过程管理等方面，和利时持续进行优化升级，通过了ISO9000、CMMI三级、IRIS、CRCC行政许可、CURC行政许可等国内国际多个认证。

为了提高员工的规范意识和规范作业水平，和利时将安全作业纳入到绩效考核中，使“要我讲安全”变成“我要讲安全”。谈到绩效考核对强化安全意识的效果，和利时相关负责人说：“铁路业务可以说是人命关天，这是一个常识，每个员工都责任重大，对自己的工作负责，实际上就是对乘客的生命负责。以地面测试为例，作为公司产品质量的最后一道把关者，责任重大。曾经有一位老员工因为触碰了‘安全’红线而被辞退，这件事警醒了许多人，从此安全意识更是深入人心。”

技术是企业最核心的竞争力，一个企业的技术储备往往决定了其在未来发展中的成败。产品安全也离不开技术的加持。“以创新之力，筑安全之基，确保轨道交通运行的安全，是我们始终如一的努力方向。”徐悦说。

作为我国干线铁路、城际铁路列车运行控制系统主力供应商，多年来，和利时一直坚持自主创新，投入大量的人力、物力、财力用于对最新技术的研究和应用探索，有了雄厚的技术积累。在轨道交通领域，列控车载系统（ATP）、无线闭塞中心（RBC）、列控中心（TCC）、应答器传输系统（BTM、LEU、Balise）、计算机联锁系统（CBI）、轨道电路（TC）等产品，均通过了欧洲权威机构的最高安全等级认证（SIL4级）。

但是，科技常变常新，永远没有止息，对于和利时而言，新技术的应用如何保障系统的安全是一个永恒的课题。和利时始终积极研究新技术与现有技术及产品的结合，以适应不断发展变化的形势，保障系统运行的安全。目前，和利时已具备包括功能安全、信息安全在内的完整安全产品族，实现了网络、控制、安全的统一。

除了产品技术的优化升级外，产品应用与售后服务，也需要科技的加持以提升安全与服务水平。和利时的每一次创新，都伴随着和利时对产品安全性的打磨及用户对于安全诉求的思索。例如在高铁项目测试方面，随着公司业务量的节节攀升，传统的纯人工的测试方法已经不能满足项目的工期要求，因此，和利时挑选尖兵，开发出了一套TCC自动测试系统。经过持续的改进，目前该系统已经具备了发码、静态报文、临时限速报文、降级等功能点的自动测试功能，承担了TCC测试60%以上的工作量，使地面测试团队的产能及准确率都大幅提高。即使在业主要求异常严格、设计输入变化频繁、测试平台紧张、客户需要24小时配合等严峻环境下，采用该系统的测试工作仍能按期完成，从而进一步保证了新建项目的实施进度。同时，自动化工具的使用，完善了测试流程，提升了测试品质，也提升了项目安全管理的水平。

“做安全产品，安全水平和经验值是正比关系。不是说引进一套国际先进的东西，水平一下子上去了，不可能的。有些东西是学不到的，一定要靠时间的沉淀，靠经验、数据的积累。同等素质的人，干三年跟干三个月，水平就是不一样。”谈到安全问题，和利时一位高管坦言。经验、数据的积累只能从实践中来。每一个轨道交通项目的业主方，对项目安全既有一般要求，也有自身特殊要求。和利时人能够摆脱习惯模式束缚，从客户需求出发，本着虚心学习的态度，与客户一起做好安全管理，在实现客户满意的同时，也优化了自身的安全理念，提升了自身的安全管理水平。

例如，和利时在执行某港铁项目时，业主方对安全规范作业要求特别高。和利时公司积极响应客户需求，抽调精兵强将组成港铁项目组。项目进入现场执行阶段后，和利时首先对安全标准进行宣传培训，员工在室内外不同工作环境下都有明确的安全标准，每个人都要求严格按标准执行，将安全管理落实到每一个细节。

下面是项目组成员记录的安全管理规范和执行流程，细致程度超乎想象。

和利时现场人员开工前必做热身运动，借此活动活动身体的手、脚、腰、筋骨各部位，降低受伤几率。因为只有自身安全，才能保证工作安全。

简单略述当日工作内容，讨论相关风险及相应措施，并分配个人专职广告牌挂于SITE OFFICE显眼处，手写签字是各项目组成员的安全承诺。

开工前检查相关文件物品，包括许可证、工具、设备及物料等，为安全顺利工作做好准备。

收工清扫及最后检查，加强沟通以增进团队默契。确保没有遗失工具、物料在工地现场，尤其是轨道现场工作。收拾整理及清扫工地现场，保持工地良好整洁，提升施工效率，更便于取得许可证。

工程经理、项目经理、港铁工程代表、港铁安全顾问一同执行安全巡查，跟进相关安全措施、指引及程序的推行。直接了解工地情况，加快解决问题的速度，增强安全承诺。

工程经理、项目经理、工地代表、分包商及安全单位一同检讨安全表现及各类安全建议，协调相关细节及共识。

鼓励险失事故呈报，发现安全隐患及时汇报，由细小的安全问题做起，以在酿成重大意外前及早发现及处理，转危为机。

加强项目组员在工地安全及健康管理上的知识及技术，以提升安全意识，塑造安全文化。

该港铁项目组自2013年12月底开始工地施工作业，至2017年12月底基本完成了施工项目工作，4年间投入数十万工时，且未发生任何一起涉及安全的事故，圆满达成了港铁公司及和利时设定的安全目标。

不仅如此，通过该项目，所有参与其中的和利时人都接受了一场高效安全的培训。有的员工刚加入项目组还是零经验的“职场小白”，经过几年历练，成长为经验丰富的骨干人才。

正是通过这样一个一个项目的成功实施，和利时在提高人才厚度的同时，也提升了整体的安全管理水平。

第7章

业务土壤

组织与文化

使命：用自动化改进人们的工作、生活和环境

“用自动化改进人们的工作、生活和环境”，是和利时集团早年就已经确立、至今没有动摇过的使命。

这是一句直白到稍显平淡的话，似乎很难给人留下什么深刻印象，但却包含了和利时人对企业生存之道的深刻理解。

可以说，和利时的交通自动化产品，是交通庞大系统中的隐形设备。和利时人为之付出的努力，很难为终端使用轨道交通的民众直接看到、感知到，从某种意义上说，他们是在做“幕后英雄”。从下面几个实例，我们可以看见和利时交通自动化业务对人们工作、生活和环境的改进。

一趟回家路

有一名员工说：我的家乡是东北松花江边上一个四线小城，吉林省松原市。1980年，我以较优异的成绩考上了北方交通大学。大学时代的每一个寒暑假，我都是回家乡度过的。每到放假前，学校会帮助学生集体订火车票。记得那时要坐16个多小时的火车到长春，再换慢车坐4个小时才能到家。单位领导很照顾我，每年春节都会准许我提前几天回家过年。当时，要先坐173次列车，我们称她为草原列。是从呼和浩特始发，终点到呼伦贝尔的海拉尔。在白城下车后，得住一晚上，好在当初自己一个人，白城站前小旅馆凑合一晚上就可以了，第二天早上再坐白城到长春的慢车。

到了2017年元旦前，家人告诉我，白城到长春间已经通高铁了。正巧，去年12月下旬，我去长春客车厂出差，从北京南坐高铁不到6个小时就到了长春，比我当年上学时快了近两倍。办完公事，周末顺便坐城际回松原，从长春到松原一小时十分钟就到了。上车前一看，这不是和谐号么！说不定车上装的ATP就是我们和利时制造的200H呢，很想去看看我们的设备。弹指一挥间，时光过得好快，仅从这些年我们过年回家的交通上，就发生了这许多的变化。作为高铁产品的一名制造者，我们既为别人的出行便捷提供服务，自己也从中受益。

在这个世界上，“人人为我，我为人人”，只要在自己的工作中作出实实在在的成绩，就是在为社会这座大厦添砖加瓦，就为提供人们整体的生活水平作出了一份贡献。

一封表扬信

2018年12月的一天，和利时收到了一封来自中铁十二局集团有限公司川藏铁路至雅安段项目经理部的感谢信。

川藏铁路成雅段开通在即，该线的建成填补了川西地区的铁路网空白区域。这条铁路对改善区域交通环境、激活沿线丰富的旅游资源，推进城乡统筹协调发展、加强客货运输交流都能起到积极的作用。贵公司克服现场各种困难，高效、优质地完成了施工任务，在贵公司各部门的大力支持下，顺利完成开通。在此，向贵公司全体参与建设人员表示衷心的感谢！

我局首次承担ZPW—2000S轨道电路产品的施工任务，贵公司本着认真负责、精益求精的工作态度，在产品发运、检测、产品培训、安装指导及调试等方面给予了大力的支持。尤其在施工过程中，贵公司作为成雅线项目组成员，本着高度负责的态度，全程积极配合现场设备的工程施工任务，以过硬的专业素质对现场问题及时响应并迅速解决，有效地保障了轨道电路、列控及LEU等设备的安装、调试和验收的工作进度，对成雅线信号工程的顺利开通做出了巨大贡献。

贵公司在与我局的合作过程中，提供了良好的产品和服务，我们对此表示赞赏，对我局工作的大力支持深表感谢。希望贵公司继续保持良好的工作作风，高效的服务理念，再接再厉，做好运营后的保障工作，为成雅线保驾护航，也希望贵公司与我局在今后的铁路建设项目有更多的合作。

自公司成立以来，和利时收到过无数封感谢信，但这封感谢信却显得有些特别，因为这封信的背后有着特殊的意义：和利时研制多年的ZPW–2000S型轨道电路首次在正式工程项目中成功应用，并且一出手就是“大手笔”——应用在了自然环境极为恶劣的川藏铁路成雅段。业内人士都清楚，高海拔、潮湿多雨的应用环境，对轨道电路设备的要求极高，产品品质如有瑕疵，就会出现极难解决的“红光带”问题，严重影响正常行车。

该线路终点雅安市地处四川盆地西缘、邛崃山东麓，属于亚热带季风性湿润气候，常年潮湿多雨，素有“雨城”之称。川藏铁路成雅段的顺利开通运营，ZPW–2000S型轨道电路设备的正常运用，标志着和利时又一款重点基础信号产品正式在市场上拥有了一席之地。

最美逆行者

港铁项目组的一名成员说：2020年春节，疫情肆虐，多数人选择居家不出、陪伴亲人。但在香港仍有这么一些人，他们奋斗在一线，一如既往地辛勤工作、他们就是和利时港铁项目团队。和利时港铁项目团队从事着广深港高铁香港段的运营维护和技术支持工作。

本次新型冠状病毒肺炎疫情来得很突然，港铁项目团队在得知疫情信息后，第一时间采取了疫情应对工作，并时刻关注疫情的进展以及香港政府的最新动态。在此期间，公司领导多次打电话询问现场情况，关心现场维护人员安全，提醒大家注意疫情防范工作。疫情期间，大部分人听从号召选择闭门不出。当时香港关闭了大部分关口，减少公共交通出行班次，而且香港政府宣布于2月8日0时起，凡是大陆入港人员需隔离14天。

针对于此，港铁项目团队调整应对方案，安排人员长期在香港段值守。虽然不知道这次坚守会持续几周还是几个月，但他们并未灰心，也从未气馁，积极配合港铁相关部门的工作，按时、高效地完成香港段现场的维护工作，确保在疫情期间广深港高铁香港段的正常运营。面对疫情全力以赴履行着自己的职责，保障广深港高铁安全运行。他们就是和利时的最美“逆行”者！

无论是一家企业，还是一个人，价值都是通过被需要来体现的。越是危难时刻不可替代的作用，越能彰显价值。

年夜守护人

举世瞩目的2022年北京冬季奥运会赛事正酣，中国健儿驰骋冰雪赛场、捷报频传。而在京张高铁这条别样的冬奥“赛道”上，和利时运维服务人员正与铁路部门运维保障人员一起，为冬奥会交通主动脉的安全、畅通提供坚实的技术支撑。以科技实力和服务能力，为冬奥会的顺利举办保驾护航。

冬奥会期间正值新春佳节，和利时保障人员放弃与家人团聚的机会，默默坚守在岗位上，全力以赴完成京张铁路保障工作。

地面设备方面，基于冬奥会期间列车运行的特殊性，和利时保障人员每天进行设备巡视，对设备的运行情况做出评估。每晚最后一趟列车结束运营后，对设备数据及时下载，并由技术人员进行数据分析，保障第二天线路的正常运行。

车载设备方面，为落实疫情防控要求，冬奥保障期间，和利时工程人员在北京动车所附近在岗，每日进行核酸检测后前往动车所，对设备进行检查及数据下载分析，以保障冬奥会交通主动脉的安全、快捷、畅通和冬奥列车的安全、稳定运行。

作为北京冬奥会、冬残奥会交通主动脉，集“智慧”与“科技”于一身的京张高铁，为双奥会的成功举办交出了理想答卷，让中国高铁名片闪耀全世界，作为参与冬奥运维服务的和利时人，也为中国形象添加了一抹亮色，他们积极参与赛事期间的交通运输服务保障工作，为世界各地的运动员、教练员和嘉宾提供安全快捷、温馨舒适的乘车体验。

高标准、高质量铁路运输服务保障的背后，是50多个难忘的日日夜夜，是一丝不苟、精益求精的匠人之心。

冬奥会结束后不久，和利时收到来自北京铁路局的感谢信，信中写道：“北京2022年冬奥会、冬残奥会已圆满落幕，和利时派出精兵强将，历时55天助力北京电务段，为京张高铁信号系统安全提供强有力的技术支持和保障。”

和利时在交通自动化业务领域坚持产品安全可靠、追求过硬的产品品质、追求专业高效的服务，始终追求客户的认可，成为客户最值得信赖的伙伴。始终致力于安全运营，让用户放心、为社会民众出行提供安全保障，聚力交通，服务民生。

和利时作为一家自动化企业，之所以能在市场上赢得尊重，不仅因为拥有自动化技术，还因为拥有“自动化员工”。在“用自动化改进人们的工作和生活”的愿景感召下，能够不辞辛劳，自动自发地工作，尽心尽力地履行自己的职责。也正是他们，推动了和利时不断发展壮大。未来，自动化技术将更广泛地应用于人们生活的方方面面，和利时将以科技助力“双碳”发展，“用自动化改进人们的工作、生活和环境”。

价值观：为用户创造价值、为员工创造价值、为股东创造价值

价值观不是口号，不是上墙的文字，而是从理念到行动导向再到行为标准，是通过层层分解和落地执行，成为员工思考方式和工作习惯。

和利时的价值观——“为用户创造价值”看似是一句简单的口号，却体现了一种大智慧。王常力提出的这个价值观在徐悦看来，“要站在用户端想问题，给用户创造价值，其实用什么技术用户并不很在

意，用户在意的是产品是否好用，建设成本低不低，运营成本低不低。”显然，给用户创造价值，一家企业才有生存价值，才能实现营收增长，这就是业务发展的基本逻辑。对于所有企业来说，用户都是驱动企业成长的最大动力和源泉所在，所有企业都是为用户提供优质服务并创造超预期价值，才能得以存续。

和利时交通业务对“为用户创造价值”进行了更深一步的规范和约束。

“为用户创造价值”从方案提供角度来说，就是提供专业先进的方案，满足及挖掘客户需求，把握及主导行业需求，运用及研究新技术，推动和引领行业发展。

“为用户创造价值”从产品提供角度来说，就是提供安全可靠的产品，做到态度严谨，过程完整，结果可控，质量可信。

“为用户创造价值”从服务提供角度来说，就是提供让客户感动的服务，做到想用户之所想，急客户之所急；为用户提供专业、高效的服务，赢得用户感动。

在这个以人为本的时代，“为员工创造价值”则是和利时的一大创新。显然，将员工视作和客户一样重要的“资本”，是企业的远见卓识。和利时对“为员工创造价值”的具体解读是：

给员工自我实现的空间：即组织给予员工清晰的发展路线和职业通道，充分授权并提供机会，让员工能够结合自我的发展规划在组织平台上更专业、更全面地发展。

给员工与价值创造所匹配的报酬，即对价值付薪：和利时以结果为导向，多劳多得，资源向有贡献的员工倾斜；激励手段及方法与员工创造的价值结果相匹配，激励员工做出更多的贡献，从而为员工创造的价值付薪。

为员工创造和谐的工作氛围：就是公司为员工营造促进、包容、合作、敬业，积极向上的工作氛围。

“和利时交通业务，要让员工有事干，并且有他想干的事情。”徐悦一句看似普通的话，其实饱含哲理，充分阐释了和利时“为员工创造价值”的价值观。稻盛和夫曾说：“看看部下是否热爱工作，并把自己的活力灌输给他们，直到他们也有炽烈的热情为止——这就是领导者的首要任务。”徐悦的“任务”就在于，让员工有适度饱和的工作，并且有饱满的热情——这源于激发出员工的澎湃斗志，并将其个人理想与公司使命有机结合。

和利时的“三个价值”理念，有着强烈的逻辑感。“为股东创造价值”建立在“为用户创造价值”“为员工创造价值”两个价值的实现基础上。有了前两个价值的实现，在商场如战场的一线，就会形成持续扩大市场份额，不断增强品牌影响力，不断提升盈利的能力。

在次序上，为用户创造价值排在第一位，其次是为员工创造价值，有了前两个价值的实现，为股东创造价值便水到渠成。

在“三个价值”理念下，和利时形成了稳定增长的内驱力，“三个价值”就像严丝合缝的齿轮不断转动着，自然而然，和利时用户满意、服务民生这一良好的品牌形象也就水到渠成的达成了。

有时，方向的确比努力更重要。想通了，也就能做对，想透彻了，也就能少走弯路。稻盛和夫也有句名言：“人生中遭遇的一切事情都是由自己内心的磁石吸引而来，一切都不过是自己的‘心相’在现实中原封不动的投影而已。”理念先行一步，太重要了！

将安全文化融入组织的血液中

2011年7月23日，是中国铁路史上灰暗的一天。当日20时30分，甬温线浙江省温州市境内，由北京南站开往福州站的D301次列车与杭州站开往福州南站的D3115次列车发生动车组列车追尾事故。

这起震惊中外的事故让和利时全员受到了深刻的教育。大家认识到，“安全是红线”不只是一句口号，其背后隐含的是无数沉痛的教训。

安全意识这把利剑必须高悬。7·23事故后，和利时按铁道部的要求，对安全相关产品进行了多维度的“安全大检查”，从需求、设计、实现、测试到各个环节的技术、管理及生产制造均进行了严格自查，发现问题立即整改。

和利时团队历时半年，把所有的信号设备全部梳理了一遍，进一步排查安全隐患，在整改过程中，全员的安全意识得到加强。和利时团队对安全标准的学习更加深入，完善、细化了文件内容，加强了技术和过程管理。同时，和利时全员再学标准，纠正了一些“唯概率论”的危险思想，重新确立了“安全底线不能突破”的观念，在具体设计中，开始实行“全方位冗余设计”，确保“就算有bug也不会导致撞车”——对此，团队做了一个形象的比喻：“出任何差错，就算浇盆水到电脑上，也要确保信号机是按故障——安全原则正常显示的，千错万错，我们也不能出错。”

安全是设计出来的，绝不是碰运气得来的。在风险评价矩阵里，有两种方法来降低风险，一是降低风险的后果等级，二是降低风险发生的概率。在铁路信号专业，由于场景的特殊性，一般很难降低后果等级，往往是从降低风险概率上想办法。“当时普遍存在的一个危险思想是：只要概率计算能达到要求，就认为系统已达到对应的安全完整等级。在概率计算时，单点故障要求零风险，如果二重故障发生的概率低到一定标准，就认为达到了SIL等级要求，三重故障发生率则不在考虑中。但7·23事故给大家上了深刻的一课，因为事故恰恰就是多种故障共同作用的结果。”徐悦说。

和利时人力资源部每年都要组织多次的安全培训，从新员工入职开始就不断灌输安全理念和安全意识。

笔者在和利时的《安全与质量意识培训》课件中看到，他们从四个维度对员工展开了安全培训：① 岗位红线、安全红线、质量红线是不可逾越的底线！② 细节决定成败；③ 遵守管理规范是工作的基本态度！④ 维护公司利益，跨部门团队协作。可以看出，这个培训不是简单的“说教”，而全部是用活生生的案例来说明问题。如从某枢纽通信问题案例推导出了“恪守岗位职责，谨记岗位红线，做到‘不接收、不制造、不流出’不合格品”！“某地铁线路UPS电池接地引起短路故障”的启发则是：“谨记安全红线，工程实施过程应以安全为基本前提，当我们发现现场设备存在问题时，首先需联系采购通知供应商处理，再次施工前，施工安全事项一定要确认且遵守，切记不要抱侥幸心理，时刻绷紧安全的弦。”

可以说，每一个案例都是一个疏漏和问题的“典型代表”，后面得出的经验教训则是通用的“安全哲理”。我们把其他“哲理”也整理出来，让读者感受一下和利时在安全文化方面的用心。

细节决定成败，我们在努力提升产品性能的同时，要关注细节，因为“魔鬼藏在细节里”。结构件设计开发时，需对安装便宜性进行评估，如十字头螺丝对工具适配性要求高。

信号产品的每一个细节都关乎安全，容不得半点马虎。认真执行文件规范要求，是我们工作的基本态度。

坚守岗位职责，谨记管理规范要求。变更后未经验证或确认的产品是绝对不能直接使用的；维护公司利益，强化风险意识。当公司利益面临风险时，应根据风险影响性制定相应防范策略，不能听之任之。

遵守规范要求，各尽其责。问题“闯关”多道内部流程，最终流向终端用户。各环节要遵守文件要求，严把质量关，每个人尽职尽责，养成质量无小事的意识和态度。

在课件的结尾处，和利时用两个关键词做了总结。

安全——安全是轨道信号行业的生命线；“尊重生命”是“安全第一”的真正体现；“依法合规”是落实“安全第一”和“尊重生命”的必要保障；安全第一、尊重生命、依法合规是公司安全方针。”

敬畏——呼吁所有同事，怀揣敬畏生命、敬畏职责、敬畏规章之心，共同落实公司安全方针；安全无小事，质量靠大家。

“敬畏生命、敬畏职责、敬畏规章之心”这三句话，让笔者立即想到了电影《中国机长》。

2018年5月14日，青藏高原之上，9800米高空，800多公里时速，瞬间零下40度，持续34分钟，总共128人，聚合于一个航班数字8633，进而又重压在一个机长名字“刘传健”上……等于什么？全球奇迹！一个只属于人类的奇迹！而这个奇迹，在发生一年半之后，使得改编于此的一部电影以超过20亿人民币的超高票房，引爆了建国七十年大庆黄金周——《中国机长》。

创造空前奇迹之后，机长刘传健说出了最经典的三句话："敬畏生命，敬畏职责，敬畏规章。"

虽然和利时人并不是机长，但在安全面前，他们实际上都是"机长"。

作为"机长"，就要敬畏生命，捍卫生命。要敬畏和捍卫的，包括生命本身，包括生命的长度，包括生命的尊严，也包括生命的品质。而实现敬畏生命，依靠的就是敬畏职责。所谓敬畏职责，就是牢记使命的具象。只有明确并坚守住了初心，你才会知道你需要怎样的态度，怎样的抉择，和怎样的应变。而敬畏职责，必须落于敬畏规章。所谓敬畏规章，并不是敬畏枯燥甚至僵化的条文，而是敬畏条文背后所有的历史，所有的血泪，所有的壮举，所有前辈对于悲剧与传奇的思考与积淀。

刘传健深知，每一条操作守则，每一次飞前准备，都是无数次的惊心动魄所集合出来的。仅仅他自己，在平生第一次驾机时，就体验到了起落架故障而连续六次尝试迫降的惊险。正是"当你觉得已没有问题时，问题就一定会来找你。"

没有一条规章是多余的，没有一次重复是浪费的，没有一次严谨是虚无的。因为即便是完全一样的航线，但每一次飞行的机舱窗外，永远都是不一样的天气，每一次飞行的机长身后，都是不一样但一样鲜活的生命。

因此，和利时《安全与质量意识培训》课件的总结处，借用了《中国机长》的"三个敬畏"。也可谓用心良苦，恰到好处。永保一颗敬畏之心，太重要了！

“我们经常说安全到底是什么？安全是个概率，是10的–9次方，也就是说10万年出一次安全事故这样的概率。而在交通信号领域，一旦出现问题，就是血淋淋的教训，后果十分严重，对国家、对社会、对个人都会造成不可弥补的损失。所以和利时一直强调守住安全红线，对待工作要始终保持一颗敬畏心。”汪小亮说。

在徐悦看来，对任何一家企业来说，安全都是头等大事。而对于交通信号供应商来说，尤为重要。安全问题是一票否决的，安全事故会招致灭顶之灾。所以在和利时的组织文化中，“安全”是讲得最多的关键词。和利时将安全文化渗透进组织的血液中，是一个先有意识，后来顺理成章变成红线，再后来形成条件反射的过程。

多年来，和利时团队的安全思想得以升华并进一步迭代。在他们的思维里，一切以安全结果为目标，围绕目标，付出所有需要的努力。而守住安全底线，为轨道交通行业保驾护航，正是和利时人永远不变的初心。

高压线管理：“负面清单”

一家企业在管理方面的进步标志，往往体现在由“十不准”过渡到允许做什么上，负面清单往往就起到了这个作用，说明了的就是绝不允许触碰的红线。

为了守住安全底线，和利时制定了“负面清单”制度。

和利时人力资源部负责人谈道：“我们的新员工一入职，就会签署‘负面清单’文件。在我们给员工发放的员工手册最后一页，就是‘负面清单’。这会给新员工一个非常直观的感受：你一旦加入我们这个组织，就要知道哪些行为是不能出现的。我们每年也会定期宣贯我们的‘负面清单’，这是我们的纪律红线，是不可以触碰的。”

和利时颇为神秘的“负面清单”制度，到底是什么？

“就是按照业务流程各个环节，明确了各个环节的纪律红线。”负责人解释道：因为我们做的是安全产品，第一是要保证安全底线。安全产品不能出现任何问题，一旦出现问题，社会影响非常大。所以，我们为了保住安全底线，履行好我们的社会责任，给所有员工、所有岗位定了一个“负面清单”。明确告知大家，哪些行为是必须要遵守的，最终目的还是确保产品安全和经营安全。

比如，在工程设计环节，和利时的“负面清单”就包含：未得到公司有效授权的情况下，将未经验证的数据发往施工方、客户方等供现场使用。在测试环节，“负面清单”则包含：在有明确的测试/检验方案的情况下，主观私自篡改测试/检验记录或结论，与测试和检验实际过程或结论不符，出现谎报的情况。

显然，“负面清单”不是凭空想象出来的。“负面清单”最先设立时，是基于我们积累下的经验、总结。最初我们根据曾经出现的问题，或者产品出现的一些状况，积累、提炼出哪些行为如果不做好，就会导致哪些问题，可能出现哪些风险。所以，我们把这些问题汇总出来。”负责人说，“而且，这份‘负面清单’会随着业务的拓展，不断更新。现在随着业务的不断发展，‘负面清单’也越来越完善。”

可以说，“负面清单”每一次变更的背后可能都是一次“事故”。此前，和利时发生过这样一个案例：有一位员工无意间把商业信息透露给了其他公司的人。得知消息的人利用了这条信息与和利时的客户接触，对公司的利益产生了非常负面的影响。这件事发生之后，和利时就回顾“负面清单”有没有包含这样的行为，或这样的要求。

结果发现没有涉及到。于是根据这件事，和利时就优化了“负面清单”，明确要求凡是跟客户有接触的岗位，必须严格遵守商业信息保密准则。

于是，不断更新迭代的“负面清单”，让和利时员工的行为远离“负面”，确保方方面面都守住了安全的底线——这也让和利时人实现了他们的一个愿景：“产品安全可靠是我们坚守的底线，品质过硬是我们的不懈追求；我们始终为客户提供安全可靠品质过硬的产品。”

事业的根基，是什么？

事业的根基是什么？对这个问题的回答，决定了企业以何为本。有的企业认为最根本的东西是技术、产品、服务，三者兼优，企业就能健康发展。这貌似有一定道理，但技术、产品、服务是谁创造的？答案是：人。“和利时”三字，源于“天时、地利、人和”的简称，之所以倒序，是因天地既定，人应为先。“以人才为根本”是和利时的“人设”，也是和利时的基因。

自成立至今，和利时的创业与发展，离不开天时、地利，更离不开人和。这家最初由知识分子创立的企业，几乎成为了中国民营信号企业和制造业发展的缩影。一句“生逢其时”显然不能完全解释和利时的成功，因为在那样一个似乎每个毛孔都在躁动的时代，无数有识之士都涌入了创业的大潮，却并不是每一个民营企业都能够在市场的洗礼中存活下来，甚至那些曾经红极一时的企业，最终也逃脱不掉昙花一现的命运，只留下刹那的芳华。

在一次行业媒体专访中，王常力在谈及和利时过去的发展经验时，特别强调了人才的价值，他说："和利时公司值得骄傲的是，聚集了一批很优秀的人。和利时现在的员工，特别是我们的骨干员工和我们的领导层，认同公司的价值理念，认同公司的发展风格，认同公司执行的要求，而且他们自己的执行能力都很强。有这样一支队伍，我觉得就是和利时目前最大的一笔财富，最大的资产，这就给未来的发展奠定了一个坚实的基础。"

在徐悦看来，"人是公司最宝贵的资产。随着和利时的不断成长，一批批年轻人成长了起来，这是和利时的希望；一些老专家还在为我们坐镇，这是和利时的底气；还有一些外聘的国际化人才，他们是和利时国际化进程中的新鲜血液。这些不同年龄、不同国籍的人才，都是和利时不可缺少的宝贵财富。"可以看出，重视人才、尊重人才、营造内部良好氛围，和利时一直在"知行合一"地践行着。

"战略是打出来的，而'打'是需要人的，没有合格的人一切都是空谈。"徐悦的话总是那么直白却直击本质。和利时一位高管进一步解释了人的重要性以及和利时的用人观：人才、技术、资本和市场，这四大要素是我们赖以前进的动力。其中，人才是首要关键，市场是前提和起点。和利时是典型的知识密集型、人才密集型企业，有别于单纯靠资本驱动、资源驱动的行业，我们要想在变革中立于不败之地，关键还是团队和人才的高度竞争力。战略的起点是市场，战略的根本是把握业务方向和增长方式。然而，同样的市场环境、战略选择、行业定位、资源投入，得到的结果不同，其中的区别在执行上，而人恰恰是战略和执行的最大联结点。大家可以看到，企业的"企"字，是"人在上"，人是企业里最核心的要素。特别是像和利时这样的高科技企业，选好人、用好人、管好人，增强人才的知识密度和能量密度，发挥人才应有的价值，才是一切战略的核心。和利时将突出以人为本的思想，给奋斗者营造良好的土壤，优化更具吸引力的激励机制，在公司营造以奋斗者为荣、让奋斗者获益的良好氛围。

和利时通过建立一套引进、培训、使用、激励的人力资源管理机制，创建了尊重知识、尊重个性的和谐文化氛围，从而凝聚了一批有理想、有能力、有干劲的专业化人才队伍——这成为和利时落地发展战略的强大后盾。

在这里，视员工为宝贵的资源，个人的成长是企业的增值。

在这里，唯才是举，重视能力，公司为个人发展提供广阔空间。

在这里，有和谐的同事关系，开心的工作环境，工作的每一天都是愉快而充实的。

在这里，与专业人士共同工作，站在高起点，您会成长更快。

在这里，您可得到专家的指点，使自己少走弯路，驶入成功的快车道。

在这里，有承担重大项目的工作机会，有施展能力的宽阔舞台。

这是和利时招聘广告中的一段文字，字里行间，透露着求才若渴的殷切之心。

显然，和利时把人才作为事业的根基不是泛泛而谈，而是扎实践行。通过为员工创造价值，实现了公司的良性可持续发展。

大部分面临“人才荒”的企业，都有一个显著特点：只用人，不育人。这样的企业，既不能为企业培养人才，更不能为社会贡献人才，对人才也缺乏吸引力，永远难以摆脱“无人可用”的窘境。正如松下幸之助所说："任何人只有经过训练才能成为优秀人才。"职场上很少有"来了就能用"的人才，只有用自身的文化、价值观、制度、行为准则、业务技能等进行培养，才能打造出适于本企业所需的优秀人才。

和利时深知育人的重要性，经过多年探索，逐渐形成了较为完善的三级培训体系，即通用性技能培训、专业技术培训和岗位培训，尤其注重OJT（On Job Training）形式的传、帮、带，使熟练员工的知识、技能、工作方法能够在实践中有效传承给新员工，促进员工队伍整体素养的提升。同时，和利时通过科学合理的激励措施，鼓励员工自主学习、自我成长。在这种做法下，和利时俨然成为一个与员工"协同共生"的组织。

在人才培养方面，和利时特别注重实践动手能力，同时他们以更宽广的胸怀和更宏大的视野，超越单纯的企业需求，乐于为行业、为社会培养人才。不把人才当成企业的私产，而把为社会、为行业培养人才视为履行企业社会责任的一部分，在这一点上，和利时引领行业发展的气度体现得淋漓尽致。

和利时人才培养的另一个亮点是，身教重于言传。和利时的中高层领导多为技术出身，崇尚实干；基层管理者多数也是从业务岗位提拔上来的，务实而勤恳。各级干部身先士卒，很自然地形成了讲实话，办实事，创实绩的工作氛围。在这样的环境下，新员工耳濡目染，很快便受到影响，变成和他们"一样的人"。

培养"有效人才"

王常力曾谈道，和利时的人才观，首先是要尊重人才、理解人才的需求，公平对待每个员工。看员工的成绩、能力，不以貌取人、以性格取人、以亲疏取人、以个人好恶取人。其次是要信任人才，称为“信任原则”，即相信人才的能力，给人才以发展的空间和条件。再次是要把握纪律性和创造性的关系，避免“一抓就死，一放就散”。最后是要创造一个和谐的企业环境，在物质、精神和制度上达到和谐。

显然，在科技含量较高的交通自动化领域，市场的竞争，表层是产品质量、价格等因素的较量，底层则是知识型人才的竞争。只有一流的人才，才能创造一流的产品，打造一流的品牌，成就一流的企业。

美国畅销书《一分钟管理》中写道：最有价值的一分钟是投资于人的一分钟，人的作用是根本性的。但“人不是公司的资产，合格的人才是公司的资产”。一个合格的经理人必须把发现、培养和激励合格人才作为首要任务，让合格的人才去创新和发展。

而和利时提出了一个“有效人才”的概念，与上述理念有异曲同工之妙。所谓有效人才，即有能力、有认同、有成果。

和利时认为，市场人员要扎扎实实耕耘客户，将客户的心维系住；工程人员必须受到用户的认可，提供让客户感动的服务，这样才能体现价值；研发人员要实实在在地排除难点，如果把难点解决了自然会收获客户，产品的技术含量自然而然就能得到提升；职能人员要认认真真提供专业化服务。

“有效人才”，已成为和利时人力资源管理的基本理念与共识。和利时的人才队伍由市场、工程、研发、职能四类人员组成。和利时给骨干员工的人才定位原则是，以员工自身价值来进行衡量，只要符合价值标准，有能力、有认同、有成果，人人都可以是骨干员工。

有了这样的定位，和利时的各个部门和岗位就拧成一股绳，为用户提供专业先进的方案、安全可靠的产品、让用户感动的服务。经过多年历练和发展，和利时逐渐建立起了一支强大的队伍。人员梯队逐步形成，各类骨干成长迅速，人员结构逐步走向合理，整个团队承受压力和承担紧急任务的能力显著提升。

值得一提的是，和利时颇具特色的“新生训练营”。他们设置了“意识理念宣贯+规章制度认知+工作流程学习+工具平台演练+职业素养培训”课程，助力新员工快速了解公司业务、认知公司产品、熟悉运营流程，为新员工开启职业生涯迈出坚实的一步。其中，业务、产品知识、规章制度要求等培训内容以“能够记住+能够独立完整的表达”的结果导向设置，采用现场提问、集中考试等方式强化培训结果。

谈到“新生训练营”的目的和意义，人力资源负责人表示，和利时希望新生代与公司携手成长，共同承接时代重任。同时希望新员工在和利时这个广阔的发展平台上，坚实地踏出每一步，开启事业的新篇章。

参加过“新生训练营”的小周感慨说：“培训中模拟公司经营的活动，给了我相当大的启发，让我深入思考了一个团队需要什么样的成员，一家公司需要什么样的员工。培训中有一句话特别打动我，就是：和利时是一家没有上限的公司，只要能力足够，你就可以坐到任何你想坐到的位置。这让我感受到了和利时特殊的文化魅力。通过培训，我找到了努力方向——作为一名工程师，尤其是作为一家科技公司的工程师，技术才是我安身立命的根本。其次就是提升自己的沟通能力，通过沟通，理解客户需求、满足客户需求才是真诚地为用户设想。”

“新生训练营”的确让毕业新生“无缝衔接”到职场，事实上，和利时一直有着这样的价值观：“组织给予清晰的发展路线和职业通道，充分授权并提供机会；员工能够结合自我的发展规划在组织平台上更专业、更全面的发展。”而这背后，正是“视员工为宝贵的资源”。

此外，为了配合“有效人才”机制的建立，徐悦还一直倡导在内部进行充分授权，他认为，“培养干部，要敢于授权，但授权不授责”。

很多管理者都懂充分授权的道理，但到了执行层面，要么眷恋权利，要么心里不踏实，很难做到这般干脆利落。

“在具体的管理上，我体会最深的还是要充分授权。这确实是很难的一件事情，因为你要做到授权不授责，该管理者承担的责任，你还是要有勇气去承担。为了培养一个干部，必须充分地给予他信任，在一定的边界条件下，甚至可以容错授权，放手让他去做。因为不让一个人才去充分体验和锻炼，永远是得不到提升的。我经常授权出去后，就要求不要再事事汇报请示，让他们自己定夺。”徐悦说，只有充分试错、容错，才能发现一个人才的优势和劣势，才能慢慢补足他的短板，如果永远不给机会，就永远培养不出“有效人才”。

在充分授权的前提下，徐悦并非“坐视不管”，如果偏离预期很大，他也会及时“纠错”。“授权过程中即便会出一些小问题，比如短暂对经营业绩有影响，但这都需要承受，因为只要经过历练，更大的业绩还在后面。”徐悦说道。

人是一切工作的基石，是项目成功的最大保证。和利时的项目历来是时间紧、任务重，所有人的拼搏精神和敬业精神是项目成功的最重要因素。正是和利时不断涌现的优秀人才，铸就了它今日的辉煌。虽然每个人的力量都是非常有限的，但大家团结起来，人心凝聚，就能发挥出强大的力量，就可以创造奇迹。

抓住管理的关键：干部

和利时有一个理念：管理的关键是干部。王常力曾说："和利时的问题，我已经讲了很多年，原因也分析了很多年，但实质没变，就两个字——干部。"毋庸置疑的是，在公司发展过程中，有很多因素是自身无法控制的，比如经济环境的不确定性、竞争对手难以预料的行动等等。公司唯一能够控制的重要因素就是员工的素质，特别是身居要职的干部的素质。

什么是和利时优秀的干部？和利时给出了精准的画像：

首先要认同公司的文化，与公司的价值观同频，与企业文化共振；这一条虽然无法精确衡量，但确实最重要的。干部是公司文化的传承者和载体，只有非常认同公司的文化，才能在员工队伍中起到上行下效的作用，才能做到带领众人前行。

其次要有热情，干部要有着强大的内在自驱力和十足的工作热情，只有有激情的人，才能更好带领团队，才能感染客户，这样才能带动和带好团队，保证团队积极向上；否则，没有激情和意愿的工作，任何人的能力都发挥不好，这是作为干部最重要的工作和能力。

再次要在管任务、管团队、管自己方面有一定成果，即"搞定任务、管好团队、管好自己"。

当然，合格的干部培养也需要制度加持。和利时的干部任期制度明确规定了干部任期制度和轮换制度。

借助干部任期制，和利时把领导干部任职的年限以制度的形式加以确定，针对基层、中层、高层，以及前台、中台、后台岗位都做了明确的规定。任职到期后，需评估是否连续任期或调整岗位。除了对任期进行了规定外，同步设计了任期内评价、任期结束后评价及发展规划、干部储备及培养计划等内容，从而实现在岗一届、储备一届、储备基础上再培养一届，保证干部队伍充足，干部有压力、有动力，干部队伍有活力。

谈及这一做法的初衷时，徐悦说："这是为了适应公司发展要求，激发干部队伍活力，建立健全干部能上能下的有效激励约束机制。不断提升组织管理能力，完善干部管理体系，培养合格的干部，实现人才辈出。同时，建立干部管理机制能够使干部使命驱动、敢于担当，让干部身先士卒、持续奋斗、不敢懈怠。最终促进干部不断自我成长、自我超越。"

不想当将军的士兵，不是好士兵；但不能做士兵的将军也不是好将军。徐悦曾多次指出，和利时的干部要能上能下，不断促进组织活力。和利时的管理干部大多数是从基层一步一步"打"上来的，因此，和利时强调干部不能脱离一线，必须具备从事基层工作的能力，他们对干部有一项特殊要求：向下兼容两级。

这是什么意思呢？

就是干部要身先士卒，能够向下兼容两个层级的岗位。比如，某个招聘主管如果离职了，暂时还没有为这个岗位配置到一个合适的人才，那人力资源负责人就要能坐在招聘主管的位置上，正常地开展工作。这是和利时对干部的一个要求。

和利时不主张高高在上的管理，他们会让干部深入到一线，还要在一定期限内，亲身体验下面关键岗位上的工作。在向下兼容的要求下，和利时的干部会在一定时间内，承接其管理岗位下关键岗位的工作。

“为什么要求向下兼容呢？因为实践才是检验真理的唯一标准，只有亲身历练，才能发现管理上出现的问题的根源，以及流程上的疏漏。如果干部不能时刻了解下级的具体工作，不能亲身体会到下级在工作中遇到的困难，那他们的决策和管理就会跟下面脱节。所以干部要深入一线，了解属下具体的工作情况，发现员工面临的困难，这样才有利于更好地解决问题。”李智直言。显然，只有真的体验员工实际操作，切身体会员工的实际困难，才能真正站在员工的角度帮助员工找到解决问题的办法，才能做出更好的决策。

徐悦一直强调，干部要走动管理、现场管理，和广大员工多沟通，这样工作才会有成效。稻盛和夫曾说，答案在现场，一线有神灵，企业的经营者必须详细掌握业务一线的具体状况，这样才能追根溯源，找出症结。

管理中70%的错误是因为沟通不充分造成的，决策者必须“流动”起来，将与员工的沟通渗透到管理的每一个环节和细节中。通用电气公司前CEO伊梅尔特在谈及怎样支配自己的有效工作时间时就说：“我差不多有40%的时间跟人打交道，进行交流、沟通。”

和利时向下兼容两级的独特做法，无疑解决了沟通不畅和远离实际的两大管理通病。

独到的“轮岗制度”

“如果要说和利时的人力资源管理有什么与众不同的地方，我觉得就是'接地气'三个字"。人力负责人说。

和利时的人力资源管理，可以用头顶天、脚踏地来形容。头顶天就是人力资源管理紧跟公司的发展方向和战略，为实现公司的战略目标服务，而不是单纯地从人力资源专业角度考虑问题；脚踏地就是跟业务贴得紧，充分考虑业务的需要。

和利时为员工提供了一个施展才华、自我实现的舞台。切实践行"为员工创造价值"的价值观，从不吝惜给员工提供更多、更专业、更全面的发展机会。

在当今的市场竞争下，没有任何一家公司能够保证所有的员工终身在公司服务。有可能某一个员工不再适应公司的发展，有可能公司在竞争中倒闭了，或可能某个员工才华的发展已经超过了公司能提供的舞台等等。但是，只要员工的才华不断提升，那么他就可以保证永远不失业，或者说他就可以有更多的施展才华的场所。和利时致力于为每一个员工找到最合适他的岗位，发挥出其最大的价值。

每个人的先天禀赋、后天训练、个人价值取向和性格不同等等因素，都决定大家必然会从事不同的岗位，产生不同的工作价值。和利时的工作氛围是：你有能力就担当起能力范围内的责任，要是没有能力就去做执行工作。当然，也收获与价值创造所匹配的报酬。

因此，和利时制定了独到的"轮岗制度"，用制度来保证一定比例的员工可以在公司内部进行正常的岗位流动。对于从事与项目有关工作的员工，每当做完一件项目时，有权选择工作变动，直接上级不得硬性阻拦；对于从事周期性质工作的员工，在完成一个固定的工作周期之后，可以选择工作变动。

但"之前的流动，更多的是单个人的、个性化的轮岗"。负责人解释道，“现在，公司真正逐步将轮岗变为一个制度”。现在，和利时会根据战略发展需要，识别出人才储备的需求。从需求的角度，主动面向关键岗位、面向骨干员工、面向后备干部，从公司层面进行轮岗安排。

徐悦曾在经营规划会议上多次指出，员工要面向客户端流动，培养经营型人才。当被问及“和利时在干部培养方面有哪些独特的理念和模式”时，徐悦不假思索地回答道：“轮岗”。

在徐悦看来，要促进岗位流动，关键的岗位要轮岗，不要太强调管理岗位的专业性，要关注通用性。同时，要提高执行力，干部是关键，干部要有任期制，要加强干部与核心岗位能力建设。在徐悦的强力推动下，形成了交通业务干部任期管理和轮岗管理两项制度。

和利时的轮岗制度，是从面向岗位进行人才储备、面向人才加速发展两个维度进行系统化设计。轮岗方式可跨部门横向轮岗，也可部门内纵向承接更高层级的岗位进行轮岗；轮岗形式分为全职轮岗、兼职轮岗。其中全职轮岗是在轮岗期间不再从事当前岗位工作，全身心投入新岗位工作，履行新岗位的职责及承接新岗位的评价；兼职轮岗是履行当前岗位的职责及承接当前岗位的评价的同时，在兼职时间内完成兼职工作任务。轮岗结束后原则上回归原岗位，待后续根据组织发展需要作为后备干部考虑。

徐悦认为，技术型人才应该懂点营销，不能闭门造车。营销型人才也应该懂点技术，不能凭空去推荐产品。“这里面还有意愿的问题，中国传统文化里，技术型人才似乎走到哪都能把腰杆挺直，不用求人，做营销好像就是求别人的事，所以有的人刚开始还不太适应。但我们需要复合型人才，轮岗正好可以达到这个目的，于是就把一些有潜质的人才吸引到前端，让他们充分了解市场。”

原本负责售后服务的一名优秀员工“调岗”至港铁项目负责商务工作。在港铁项目实施过程中，他出色发挥本人任务管理能力、坚定目标、克服重重困难，出色完成项目商务相关工作，深受业主的认可。港铁项目逐步进入尾期后，这名员工也被任命为部门经理，从事公司最重要的产品线销售工作，顺利完成了从后端向前端的过渡。这样的事例不在少数。

轮岗制度不仅是员工个人升职的助推器，更能促进不同岗位之间的换位思考。比如，在产品设计开发过程中，有时会听到这样的抱怨：开发人员抱怨测试人员总是考虑不全面、不完整，总是要求开发给一一说清楚才能做明白；测试人员也经常抱怨，开发总是输入不完整，导致测试效率低。

为了进一步拉通硬件开发和硬件测试环节，和利时安排一名开发高手轮岗到硬件测试部门经理岗位。轮岗期间，这位开发高手给测试人员设计了硬件设计原理的系列课程，带着测试团队做出了产品失效模式分析方法，为测试案例设计进行了完善和补充。测试团队也深入了解了硬件开发过程中的思维方式以及现场故障处理的深层次分析方法。

一次轮岗安排，促进了开发和测试相互理解，打通上下游环节对输入输出的一致性认知，也为干部储备人员提前进行了锻炼和考察，可谓“一箭三雕”。

“公司还会根据战略和业务发展的需要，把人员往经营端流动，把整个团队打造成经营型团队。总之，我们的思想源头就是面向客户、面向业务前端，设置岗位流动。刚开始领导是基于长远考虑或根据当前业务发展的需要，针对个别人进行轮岗，后来逐步制度化了，面向关键岗位、面向骨干员工、面向后备干部建立了轮岗机制，这个机制是根据公司战略发展的需要，识别出需要储备的人才，建立人才资源池。”人力负责人说。

“轮岗之后，干部的能力能够得到全面性的提升。大家通过轮岗后，会更加相互理解。比如说销售和研发岗位，轮岗了一圈之后，大家都深有体会，谁都不容易，你有你的难处，他也有他的难处。相互理解，相互配合起来，这样才能形成力出一孔。”徐悦总结道。

从人才培养角度来看，徐悦倡导的轮岗制也是为了做充分的人才储备。“比如和利时哪一天收购了其他公司，总得派人去管理，但储备的人才不能独当一面的话，显然是不行的。只会管局部条线的人才有很多，但全面的经营管理型人才并不好培养。同时，这个问题也不能通过‘空降兵’来解决，因为企业文化有差异，往往会有水土不服。所以我们的人力部门也在抓这方面的工作，每年我们会在全集团里筛选15到30个有潜力的人才，接受正规的培训，再通过轮岗慢慢进行培养。”

就这样，和利时继续开疆拓土的“大将”们，正在持续地在轮岗机制下不断成长着。

和谐的工作氛围

人才管理的目的不是束缚人才的行为，而是发挥人才的积极性。尊重、实绩、信任、和谐八个字，高度概括了和利时的用人之道，其中的核心，是为优秀人才提供展示才华的发展舞台，充分发挥人才的作用。

和利时一直努力为员工营造和谐的工作氛围，即促进包容、合作、敬业、积极向上的工作氛围，创造开心的工作环境，让组织文化充满温馨。人一生1/3以上的时间是在工作中度过的，如果工作环境是一个不开心的环境，这个人的一生就太痛苦了。但在和利时，工作是“累并快乐着”，奋斗的同时还要开心。

有人说，“做事先做人”，这个观点将做事和做人割裂开来。而事实上，做事本身是做人的一部分。和利时在追求公司高效发展的路上，从来没有忘记“做人”这个大前提，关注人、关心人、真诚待人、厚道做人是公司一如既往的风气。

人的能力具有两面性：一方面，每个人潜能无限，拥有无限可能；但另一方面，相对于一项宏大事业或一项复杂事务来说，个人能力是微不足道的，需要融入到整体中，通过整体的努力来体现自身的价值。如何营造包容、合作、敬业，积极向上的工作氛围，也是和利时各项管理工作中一项重要的任务。

“和利时给我最深印象的，或者说让我一直热爱的就是它的企业氛围，这个大家庭没有那么复杂的人际关系，人人都能真诚相待，关系融洽和谐。”“在和利时十余年，给我深刻感触的是这里简约低调、积极向上的工作氛围，简单和谐的同事关系，雷厉风行但却平易近人的领导，有着众多良师益友的专业团队。”这是和利时员工的心声，和谐亲善的人际氛围是和利时管理层一直重视的，关心员工、重视员工，不是口号，而是行动的证明。

“在和利时，不需要跟领导有多么亲近的关系，也不需要学会迎来送往，只要你有能力解决问题，就能得到施展才华的机会，这里非常公平。”人力负责人说，新员工尤其是应届毕业生到和利时后，经过几年的培养和适应，就会有机会进入关键岗位。

从没有任何从业经验的大学生，到独当一面的技术骨干，成长过程中有差错和失误在所难免，和利时却敢于赋予他们重任，在工作过程中给予必要的支持和指导，加速新员工的成长。在这样的用人机制下，大批新员工很快从零经验成长为业务骨干。

在和利时，员工也没有“人微言轻”的担忧。人力负责人谈道，“跟领导谈想法、提建议也不需要有什么顾虑，只要你的想法对公司是有利的，只要你的方法是可行的，领导就会给你最大的支持，让你去做。”因此，在和利时，有真才实学的员工永远不需要担心才干被埋没，只要你肯干、能干，永远有展现自己、提升自己的机会。

和利时用人有一大特点：实战练兵。敢于将员工推上一线，并且相信他们能“打”出来，打成一个“好兵”。人的潜能是无限的，往往如同地下熔岩，需要受到激发才能喷发出来。通过实战练兵，让员工经受困难和问题的不断撞击，不失为一个让员工更快成长、更快干出成绩的高效方法——这方面，和利时一直在践行并且收获颇丰。

人性是向上的，信任往往能激发员工的自信、自尊、自强，大量事实往往证明，员工确实值得被信任。

有一位入职和利时不久的新员工感慨说：“我庆幸能来到和利时这个大家庭，在这里我能一展所长，能够开心愉快地工作，没有猜忌、没有相互拆台、没有钩心斗角，有的是一群与我年纪相仿、朝气蓬勃的年轻人，有的是上下一心、同甘共苦的领导和员工，大家为着各自的理想、共同的目标努力奋进。”正是和利时包容、合作、敬业，积极向上的工作氛围，才使得很多别人眼中“不可能”的事情变为“可能”。

就事论事的“吵架文化”

因为氛围和谐，人事关系简单，和利时甚至有一种“吵架文化”，有分歧可以当面锣对面鼓的正面叫阵，而非私下议论和“结怨”。

有一次在会上，人力资源部门为了制定一个方案，与一位业务部门的经理因为数据“吵”了起来。在那个方案里，人力资源部门需要很多的基础数据，但是对方认为人力不应该拿到那些数据。一是因为这位经理觉得那些数据对人力没有使用价值。另外，他认为那些基础数据是很重要的数据，不能对其他部门随意提供。因此，两人发生了争执。

两人一起到了李智的办公室，都气势不减，就数据是否应该适度公开化，又在领导面前争论了起来。

然后，李智问人力资源部门：“你为什么要这个数据？”她把原因论述了一次。李智又问另一方：“你为什么提供不了这个数据？”业务部门经理也把为什么提供不了数据的理由解释了一遍。

随后，李智问业务部门经理：“你觉得人力资源部门要做的这件事，目的是不是正确的？”他表示非常认可。李智又问人力资源部门：“你想达到的目标，具体要让他帮助你做什么？再解释得精准一点。”

最终，在三个人沟通的过程中，大家都非常清楚地了解了该如何配合彼此。人力资源部门调整了方案里的基础数据需求，业务部门也了解了应该如何响应需求。问题完美解决了，项目得以快速推进。

那次争论，不仅没伤害双方的关系，反而促进了大家的沟通。后来，在项目进展过程中，双方还会争论，但是再不需要领导“仲裁”了。争论的最终目的，显然还是为了公司利益，为了共同把事情做好。

在和利时这种“有话直说”的氛围下，为了工作大家可以“拍桌子”，但毫不影响项目的后续推进。针锋相对完成就事论事的工作之后，大家该做的配合继续做，嘻嘻哈哈地继续携手共进。

在和利时，人与人之间的关系非常简单透明，所以同事间才可以就事论事地进行争论，丝毫不会影响同事们相互之间的关系和接下来的共处。人力负责人感慨道：“在和利时，即便因为工作跟领导争论，也不会有任何心理负担，因为领导也很民主，会认真地听取你的意见。”

和利时这种轻松、有话直说的工作氛围，也让员工的稳定性极高。核心骨干和员工们对公司的忠诚度非常高，甚至有很多人离职之后又复职。“每年都有前员工，出去看了一圈之后，想回到和利时，为什么呢？我们比别人薪酬高？并不是。我们比别人更轻松？也没有。那我们有的是什么呢？我们最突出的优势就是，和利时的工作氛围和人与人之间的关系。这些员工对我说，就是觉得和利时的工作氛围特别好，还是觉得在这干着舒心。”人力负责人说。

任何一家公司都是一个“能量场”，正能量充沛时，全体人员朝气勃勃、积极向上；当负能量占主流时，人浮于事、消极懈怠成风。和利时在发展过程中，营造出了健康和谐的氛围，打造出了一个“正能量场”，员工身处其中，自然而然地受到潜移默化的影响，他们只有一个共同目标：做得更好。

团队与执行：敬业、合作、创新、成果，兑现承诺

高绩效团队的成功，与团队文化建设息息相关。首先要给大家一个都认可的理念作为目标。有了这个目标，当团队遇到危险考验的时候，大家才能发自内心地来维护团队。正因为此，和利时的团队文化，倡导敬业、合作、创新、成果。对于其中的关键词，和利时是这么解读的。

何为敬业？就是爱岗、担当、职业化。爱岗，即对岗位工作有热情、有激情，有内在的动力，认真负责地将事情做到位。担当，就是要勇于直面问题和困难，勇于承担责任，不推诿。职业化，就是要有专业精神、有职业素养，以积极的态度完成各项工作。

何为合作？和利时将之细化为：日标一致、各司其职、协作共赢。目标一致，即目标统一，上下目标对齐。各司其职，即充分履职，结果交付要为上游、下游负责。协作共赢，即相互帮助，共同努力，达成目标。

何为创新？和利时的标准是，有创新思维，追踪新技术，尝试新方法，关注新的商业模式，对与公司业务发展相关的内外部变化保持敏锐。

何为成果？在和利时看来，就是追求产出，追求结果，说到做到，用结果说话。

对和利时团队来说，成为最有价值的大交通自动化解决方案提供商是一项远大的事业目标。它不是某个人或某些人的事业，而是全

体和利时交通人共同的事业目标，每一个有志于打造中国交通自动化民族品牌的员工，都可以融身于这项事业中，为共同的理想而奋斗，共同成长。

交通自动化项目往往头绪繁多、内容复杂，不可能依赖个别“独行侠”“超级英雄”来完成，每一位个体只有紧密融入到团队中，通力合作，才能出色地完成工作。和利时不仅注重员工个人素质、能力的提升，更注重团队建设，充分发挥团队的效能。

比如，深圳地铁11号线项目的成功，就是和利时打的一个漂亮仗，项目团队克服工期紧、任务重等诸多难题，圆满完成了任务。在事后总结中，项目组成员坦言，项目的成功，离不开领导的支持和项目计划的完善，更离不开强大的执行团队。他们说道：“这个团队由工程、设计、开发、V&V测试部门组成，每个团队成员都是尽职尽责、不怕辛苦、团结一心、共克难关。我们清楚地记得，第一次MCC柜到货，不巧碰上了交通管制，加长货车禁止通行，更不巧的是，天公不作美下起了大雨，是工程项目经理在现场频繁与各方沟通，才成功于凌晨完成卸货；工程设计师出图压力大，经常加班加点不能回家；部门领导在项目期间经常往返于京深两地，与业主沟通地铁节能方案；埋头苦干的项目实施工程师全军肩挑重担，从不喊累；细心谨慎的项目实施工程师在众多的接口谈判中游刃有余，保证了项目进展……是大家的辛苦付出，撑起了整个项目。深圳地铁11号线项目的成绩，属于项目组的每一个成员。”

在当前激烈的市场竞争环境下，“客户的需求就是命令”“业务就是阵地”，是很多公司的共识，为了攻下一项业务，需要围绕业务配置资源，全力以赴。和利时有业务集成的理念，在公司与公司、部门与部门、团队与团队之间，乃至集团公司内外，都没有牢不可破的墙，在重点攻关某个业务项目时，和利时能够根据项目需要，调动全集团内外人力、物力、技术资源来进行攻关突破。由于有集团内外资源赋能，具体执行人员自然如有神力加持，往往能取得出色成就。

和利时是一个整体，兄弟公司之间、公司各部门之间，为着一个共同目标，各自承担着分内的工作，却又紧密配合，协作无间。每一个身处其中的人，都能够从团队和集体中获取巨大能量，从而放大自身价值，取得优异成绩。

一家优秀的公司，离不开指哪儿打哪儿的超强执行力。“执行”是目标和结果之间的桥梁，执行文化直接决定了高层决策的落地效果。建立雷厉风行的执行文化，正是和利时的又一项意义深远之举。

和利时的执行文化，只有简简单单的四个字：“兑现承诺”。在这方面，和利时团队有着这样的理念：

“兑现承诺，就是要说到做到，用结果说话。”可以看出，这里面饱含对商业信誉的重视和对契约精神的追求，和利时团队不会说大话、说虚话，但只要许诺，就必然全力以赴，使命必达。

“兑现承诺，就是要高质高效的执行：目标不打折扣，上下对齐，快速及时响应，交付满足预期目标。”执行力源于责任心，上下同欲、力出一孔的和利时团队，自然能在执行过程中不打折、不缩水，甚至能给合作方以惊喜。

第8章

业务展望

成为最有价值的交通自动化解决方案提供商

“通过稳定与持续的发展，成为最有价值的大交通自动化解决方案提供商！”这是和利时交通业务的愿景。他们将这个愿景进行了多层面的落地式拆解，以便让全体员工更好地理解战略方向和目标，使其切实起到灯塔的作用。

对于愿景中的关键词——“大”“大交通”“解决方案”，和利时分别做了阐释：

“大”理解为更专业、更全面的业务领域。

“大交通”：和利时始终基于当前干线铁路、城际铁路、城市轨道交通及公路交通业务发展的情形下，向交通领域更专业、更全面的方向寻求发展。

“解决方案”：满足客户需求为基础的全生命周期解决方案，包含满足当前的和引领未来的客户需求，包含产品及服务。

和利时从五个维度，来让愿景框定各项业务，以确保最终愿景目标的实现。这五个维度分别是：

产品维度。产品安全可靠，品质过硬。产品安全可靠是我们坚守的底线，品质过硬是我们的不懈追求；我们始终为客户提供安全可靠品质过硬的产品。

服务维度。服务专业高效，响应及时。满足客户需求，及时响应，我们始终以客户为中心提供专业、高效的服务。

技术维度。技术领先。满足客户需求，超越客户需求，引领和推动行业技术发展，做技术领跑者。

品牌维度。用户认同，值得信赖。满足客户需求，我们始终是客户认可、值得信赖的伙伴。

社会价值维度。聚力交通，服务民生。安全运营，让用户放心，为社会民众出行提供安全保障；聚焦交通业务，在产品、技术及服务方面引领和推动行业发展。

可以看出，五个维度科学有据，环环相扣，覆盖全面，让和利时的各个方面都有了具体的奋斗方向。为了更好地实现愿景目标，和利时又瞄定了三个阶段性目标，以更好地“纵向深入”：

近期目标：突破业务发展瓶颈，完成当期经营任务。

中期目标：以10%~15%的良性复合增长，跨上40亿规模台阶；

长期目标：推动行业的发展，成为最有价值的大交通自动化解决方案提供商。

和利时阶段性的目标已然确立，然而精神与信念往往才是达成目标的关键。很多事情，貌似很拼的背后，其实是一种无效的努力，一种“瞎忙”，这是因为目标不明确。但明确了目标不代表马上就能成功，因为还缺少重要的一环——坚持。优秀的企业之所以优秀，往往源于他们只做有目标的坚持。

坚持自然离不开全体员工的支持，正如稻盛和夫所言：“设立具体的目标，并且所设目标随时与员工共有。”因此，和利时高管团队深知，确保公司一直处于主航道上，并且把大家的认知和行动调整到一个方向上，不在非战略机会上浪费资源，是重中之重。

从而，和利时高管团队经过充分酝酿，广泛协调沟通，设计出了“十四五”期间交通自动化业务的六条战略路径：① 稳定既有业务；② 既有业务智能化；③ 既有业务国际化；④ 拓展新业务；⑤ 高效的组织与业务流程；⑥ 合格的人才队伍。

可见，愿景目标是高瞻远瞩，实现路径则要步伐稳健。合抱之木，生于毫末；九层之台，起于垒土；千里之行，始于足下。宏大愿景和具体路径已经明晰，和利时团队需要脚踏实地，走好每一步。

做正确的事

“和利时在制定企业战略时，有一个特点：基于国家战略来思考企业自身战略安排。”和利时一位高管说，做正确的事在战略规划体系中排在最重要的位置，和利时在规划产品研发、技术创新和市场建设策略时，都会从国家战略的角度出发，不仅服务于用户需要，更要服务于国家需要。

服务国家战略，不是一个单纯的情感问题，更是一个智慧选择发展策略的问题。这是因为，国家战略往往引领着未来方向和市场趋向，紧跟国家战略，借风扬帆，更有利于企业发展。

和利时人在制订企业战略时，善于抢抓国家发展战略的机遇。过去，和利时抓住国家高铁建设的机遇，壮大了交通自动化业务；抓住国家“一带一路”建设，在国际化方面取得了较大进展。近年来，国家出台“新基建”发展战略，和利时又不失时机，围绕“新基建”进行布局，抢抓发展机遇。

同时，我国的城市轨道交通发展正经历一个前所未有的发展期，中国已经成为世界上最大的城市轨道交通建设市场。作为城市轨道交通领域中最重要的技术之一，自动化技术对城市轨道交通建设起着至关重要的作用。其对行车管理、电力监控、安全监控、环境监控以及保障城市轨道交通正常运行等方面发挥着不可小觑的作用。

和利时作为民族工业企业的代表，从最初的摸索中成长，到今天已发展成为城市轨道交通领域中为数不多的被用户广泛认可的民族企业。和利时之所以在城市轨道交通建设领域中取得令人瞩目的成绩，不仅仅是靠实力和干劲，还有情怀。为国争光，为轨道交通保驾护航，是和利时人共同的使命。

我们可以发现，和利时在让自己保持增长的同时，并没有选择盲目扩张。徐悦深知，企业在发展道路上不能"跳着走"，一定不能忘了自己的核心竞争力。"在这方面，我们其实是比较保守的，做的业务不能离自己太远了。比如说为了增长去做房地产，去做IT，我本人就是计算机专业出身，但我也不会允许做这块业务。那不是你的核心竞争力，不能觉得自己什么钱都能赚，否则就是盲目扩张。"

王常力经常提及，和利时要做百年的自动化公司，这就道出了和利时的"发展哲学"：第一说时间，要做长久；第二说范围，围绕自动化。因此，和利时自然不会什么热闹做什么，什么赚钱做什么。

稳中求进、勇于创新、不断超越：变"不可能"为"可能"

在回答"您现在最关心和努力解决的事情是什么"这一问题时，徐悦说："企业增长，这是永恒的话题。企业必须确保可持续的发展，不增长就意味着倒退，没有保持住就是倒退。"

"稳收入规模，稳利润规模"，实现每年10%～15%的复合增长，是徐悦提出的未来发展目标。相比于和利时创业前十年20%～30%的复合增长，这个增长目标貌似不算高。不过，那时候的和利时处于“疯狂长个”时期，随着营收基数变大，每增长一个点都不容易。但是，和利时交通人仍然有信心向目标迈进。在心态上、路径选择上、策略上，和利时人都做好了准备。

在谈到为什么确定每年10%~15%的复合增长目标时，徐悦不假思索地说：“增长是企业永远的话题。这是因为，你不增长就意味着倒退。”

但对于已经有不小体量的和利时交通业务来说，每年10%~15%的复合增长并非易事。一次，徐悦去问各部门的中层干部：“每年10~15%增长，你们觉得应该怎么增长？”得到回答却是“不太可能”。

徐悦说：“不可能怎么办？不可能要把‘不可能’变成‘可能’，那么就得去想办法。不是因为看见才相信，而是因为相信才看见，相信10%~15%是可能的，努力去想方法，最后会看见10%~15%确实是可能的。”

当然，徐悦也认为，单靠“两条铁轨”，要保持10%~15%的复合增长是十分困难的。“把好几代人需要建设的铁路都建设了，也不够我们增长这么多，既有业务不可能长期维持收入、利润双增长。那怎么办？要进行科技创新，要进行智能化升级，要去拓展新业务，要去向新的客户、新的行业、新的市场、新的产品要增长，总之，超越既有业务，才能扩大增长空间。”

徐悦心中有个路径逻辑：回归到用户角度，只要能创造价值就能增长。“比如现在大家都谈智能，那么我们现在做的业务能不能实现智能化呢？就是说既有业务这块压舱石不能倒，再利用智能化，是不是可以增长？拓展国际化业务，利用资本展开并购，难道不都是新的增长点？”

为了实现收入和利润“双稳”，在2018年，和利时对轨道交通自动化业务提出了指导意见，今天看来，仍有启示意义：

要强力推动多业务并行发展，国内城市轨道业务和海外业务要逐步承担起“规模化发展”重任，分担干线铁路业务增长压力。

国内干线铁路及城际铁路业务力争实现收入和利润“双稳”，增加新收入来源，扩大新产品市场份额，增加服务业务收入。

市场销售方面要进一步提高既有产品市场占有率，积极开发新服务产品，扩大维保市场，加大新产品推广力度。

工程管理要突出标准化、专业化、系统化，形成差异化服务，以获取存量市场中的服务业务增强可持续发展能力。

产品开发要完成既有产品消缺与技术改进，对既有产品进行增值开发，完善技术和产品平台；加大新产品上市推广力度，完成市场准入工作；开展下一代产品和技术的预研工作。

国内城市轨道业务力争实现收入和盈利能力“双增”，早日为公司贡献与其规模匹配的利润。

市场销售要发力突破地铁信号业务，集中优势资源，完成基于区域互联互通的全套信号产品开发。

海外轨道业务继续实现海外市场突破，稳定收入来源。

和利时战略布局围绕的“新基建”，全称为“新型基础设施建设”，之前业界普遍认为为“新基建”涵盖了以下七大领域：5G基建、城际高速铁路和城市轨道交通、大数据中心、人工智能、工业互联网、特高压和新能源汽车充电桩。2020年4月20日，国家发改委首次明确“新基建”的概念及范围，此次定义范围更加宽泛、更具有延展性。在最新定义中，原七大领域之一的城际高速铁路和城市轨道交通扩展到融合大数据、人工智能等技术的智能交通基础设施。

在过去传统技术条件下，市场变化相对较小，以稳为主、稳中求进的策略是可行的。但新技术与融合新技术的新产品如雨后春笋般冒出来，在市场上展开激烈博弈，企业跟进速度如果较为迟缓，很可能成为落伍者。此外，国家“新基建”战略也给企业带来了新的机遇与挑战，所谓“机不可失，时不再来”。

在“新基建”国家战略背景下，和利时有着怎样的发展规划？如何抓住机遇，应对挑战？和利时认为，“新基建”主要强调数字化基础设施建设和智能技术在基础设施的应用，符合产业升级需要，对实现我国经济高质量发展有重大意义，也给高科技行业带来巨大发展机遇。和利时紧紧围绕轨道交通智能化、工业互联网操作系统、人工智能、工业大数据等方面，加强支撑技术的研发投入和行业应对。于轨道交通领域而言，“新基建”的“新”更侧重于向智能化的转型。面对新的历史机遇，和利时坚持技术、业务双轮驱动，一方面升级既有业务，研发围绕智能技术的列控系统、综合监控系统等既有产品。另一方面，不断开拓新技术，基于新技术研发相关的新系统、新产品。

在“新基建”的推动下，轨道交通智能化转型驶入快车道。在此契机下，作为中国领先的自动化与信息技术解决方案供应商，和利时既是“新基建”项目自动化系统的深耕者，也是“新基建”中数字化、智能化的早期布局者。近年来，和利时始终致力于轨道交通运行控制技术的创新研究，结合新技术、新需求，加大基础研发，突破支撑关键技术，在“智能控制、智慧管理、自主可控、安全可信”的战略下构建轨道交通新业态，并取得了一定成果。

在高铁领域，和利时不断突破创新，对产品进行了智能化升级，实现了时速350公里高铁的自动驾驶，并已在京沈高铁上成功应用。据了解，这款高铁自动驾驶系统列控车载产品，构建了具有完全自主知识产权、符合互联互通标准的高速铁路自动驾驶技术体系，提升了高铁列车运行控制系统功能。

在地铁领域，和利时在国内首创了以行车指挥为核心的“行车综合自动化系统”（TIAS），已在北京的燕房线及大兴国际机场线上成功应用。这些最新技术支撑了地铁无人驾驶的实现，其中包含了大量控制和智能化等技术，即使出现意外情况，如火灾等，也可以实现智能应对。

同时，和利时还开发了铁路专用线信号系统，可通过无线通信、卫星定位、目标控制，实现干线CTCS体系列控系统互联互通，为客户提供系统轻量化、运营服务化、运维智能化的客户价值。

“智慧车载车间解决方案”则是车地一体化产品，它以车载无线下载设备与地面智能分析系统为核心，可实现动车组车载设备运维，智能互联、智能物联、作业可视化、智能检修和智能调度，为动车组车载设备智慧运维保驾护航。

此外，具有技术先进、高安全性设计的和利时联锁系列产品，已应用于国内厂矿企业专用线。为控制列车安全、可靠、精确和有效运行而集行车调度、控制、通信等子系统于一体的集成系统——PTC系统，也被和利时团队打造出来并不断升级迭代。

可以预见，和利时借力“新基建”带来的新机遇，大力发展自主创新的核心技术，他们未来必将在轨道交通领域有更多更大的作为。

和利时轨道交通业务对新技术应用的深入研究，不只体现在对产品和方案的升级上，通过“跨界整合”，打造“大交通”业务体系，正是未来发展的重点。

随着交通领域智能化转型升级，和利时既有轨道交通业务也在向更大范围的交通业务领域扩张。未来和利时的业务不仅局限于轨道交通，也包括公路交通、高速交通等，结合“新基建”的国家战略，通过智慧公路、智慧交通的整体解决方案，提升“大交通”领域的业务能力。

“技术发展日新月异，加之迎来‘新基建’这一历史机遇，未来10年甚至更短时间，会不会出现一种对轨道交通甚至大交通领域产生颠覆性变革的技术，我认为是有可能的。”汪小亮说。

面对“新基建”这一时代潮流，和利时人有信心通过勇于创新、不断超越，从而成为“新基建”这条新赛道上的长跑者。

理性冷静的国际化

事实上，和利时自创立之日起，梦想就是走向世界。早在1993年，和利时以“华胜自动化事业部”的身份面世时，王常力便提出了一个口号：“以世界为目标！”还提出了一个“立足于中国、布局于全球”的宏大规划。那时候，和利时还是自动化行业的一支新军，刚刚在国内市场上站稳脚跟，拓展海外市场的能力、条件都不具备。但这并不妨碍和利时人拥有梦想。

一直到2007年，和利时正式提出“集团化、产品化、国际化”发展战略，从此走上开拓国际市场的道路，并在这条路上越走越远。

厚积薄发的和利时，在国内市场成熟壮大后，于2007年在新加坡成立了和利时（亚太）有限公司，开启了“世界梦”的圆梦之旅。

2008年8月8日，和利时在美国纳斯达克上市，将和利时的品牌进一步推向国际，也对外显示了和利时坚定走国际化战略的决心。

2012年，和利时公司与香港铁路有限公司（简称“港铁公司”）正式签署广深港综合监控系统（香港段）项目合同，及广深港（香港段）地面、车载信号系统合同。由于港铁公司在安全性、可靠性和效率等方面均处于国际最高水平，所以对项目设备的甄选完全按照国际标准执行。该项目的签订，是国内自主知识产权的综合监控系统及车载信号系统首次成功开拓香港地区市场，标志着和利时的产品已上升到国际先进水平，具有突破性和里程碑的意义，也进一步增强了和利时在国际市场的竞争实力。从2013年到2017年，和利时港铁项目连续五年荣获MTR工程品质管理奖项，2016年还被授予该奖项的最高奖——“质量金奖”，和利时人用出色的表现赢得了属于自己的高光时刻。值得一提的是，因为广深港项目优秀的执行质量，用户十分满意，将后续线路的维护工作再次委托给了和利时来完成。

2014年5月29日，和利时公司与新加坡陆路交通管理局正式签订了新加坡地铁汤申线集成监控系统（SCADA）项目合同。在这个项目中，和利时提供自主知识产权的SCADA软件平台和PLC产品，并承担集成监控系统的设计、研制、运输、安装、测试与交付工作，包括提供相关设备、安装电缆及支架、配件和供电系统等。众所周知，新加坡以诚信、质量、法治以及知识产权保护著称，中标该项目证明了和利时有能力承接高水平、大型国际工程项目。这是和利时在东南亚开拓海外业务取得成功的重要一步。

海外业务的初步成功，更坚定了和利时人加快步伐“走出去”的决心。谈到和利时拓展海外业务的必然性和必要性，和利时高管认为，首先，要看到和利时“走出去”的潜力。和利时在搜集部分重点海外市场需求的基础上，提出了自己对下一代列控系统发展方向的认识，并进行了系统开发、产品认证等工作。这些成果，将为中国高铁尤其是信号列控系统“走出去”增加重要的竞争优势。另一方面，和利时一直坚持的平台化开发理念，在极大缩短新需求满足周期的同时，显著提高新系统产品的成熟度和安全可靠性，基于高铁信号列控系统平台开发的地铁CBTC系统，也继承了成熟、高可靠性的优点。其次，要认识到“走出去”是实现和利时持续发展的客观要求，放眼世界，逐步走向国际舞台，在世界范围寻求更多的发展机会，这个过程是困难和充满未知的，但是，只有“走出去”，才有可能成为真正的引领者。

国际化可以改变竞争格局。和利时成立之初，交通自动化行业是进口产品的天下，但和利时经过努力拼搏，终于使“国产”在国内市场上形成了优势。和利时越早主动出击参与国际市场竞争，尤其在对手优势的区域内面对面与之竞争，放长线积累经验寻求突破，才能最终实现竞争格局的均衡发展。这是一条不坐等被动挨打的发展路径，也是能够改变竞争格局的发展路径。

理想远大，脚踏实地，是和利时人惯有的风格，追梦路上，和利时人并没有头脑发热，对国际化之路怎样走，他们有着理智的思考。

经过十几年的海外市场试水，和利时也意识到，需要调整“走出去”的方式。过去是跟着合约走，在哪里拿到了合约，就把业务拓展到哪里。这种“打游击”的方式很难形成持续稳定发展的格局。

对此，徐悦做了一个形象的比喻：“国际化虽然取得了一些成绩，但我认为不算成功，就像一个猎人扛着枪，然后就去森林里找鸟了，但显然这么做只会收获偶然的成功。哪有鸟开枪打，打下了一只鸟，把和利时的产品卖出去。但这样毕竟不可持续，比如今年能做两个亿，明年和后年还能做两个亿吗？”紧接着，徐悦话锋一转，用几个排比句道出了和利时国际化存在的误区和破解方向：“我们也没有选地方，我们也没有去选行业，我们也没有去选地区，我们也没有去选伙伴——国际化可不是出口贸易，所以我们需要冷静一些，精细地展开国际化布局。”

和利时决定改变策略，对海外市场进行整体规划。2020年，和利时确立了新的国际化目标：“十四五”期间，基本完成海外布局建设，稳定收入来源。主要方法是开展多方面的国际合作，积极并购业务协同、市场协同、技术互补的海外企业，整合全球市场、技术、人才资源，持续推进集团业务和管理的全球化发展。

“精细布局”是和利时国际化的一个全新策略，其中牵涉多方面的问题，应该如何稳步推进？徐悦对此进行了解读。

第一，要想清楚几个问题：我想在哪儿做？我要做什么，我要跟谁做？我要做成什么样？不能扛着“国际化”这面大旗满世界跑。在新加坡成立一个公司，在北京挂一块牌子，然后满世界出去跑单，这并不是国际化布局。因为并没有设计好策略，没有成熟的思路。

第二，要想清楚在哪儿能做，哪儿不能做，怎么产生差异化？一个产品我有他也有，客户为什么要买我的不买他的，必须给客户一个理由。和利时的产品或服务有差异化优势，客户才只买和利时的，不买别人的。

第三，将业务做成熟，不能寄希望于短期行为。业务成熟的标志是持续发展，和利时重点考虑的不是一开始就做多少业务，而是找好合作伙伴。找合作伙伴就像谈恋爱，一开始是认识，后来谈恋爱，最后就结婚，关系就深化、稳定了，这样才称得上布局成功。

第四，要用当地的人去做当地的事。所有国际化大公司全都是这么做的。我们不需要进行方法创新，可以直接借鉴这种成功做法。一定要与本地企业、本地伙伴合作。资本方面，也要吸纳本地投资者，只有这样，才能真正站稳脚跟，完成国际化布局。

未来，随着国家对“一带一路”倡议从“大写意”到“工笔画”的细致拓展，和利时将抓住这一重大机遇，同时深度结合工业互联网、5G、大数据等新技术，提高自身智能制造水平及国际化的管理水平，逐步有序地将和利时品牌推广到世界各地，生根开花。

发力大交通

和利时的企业文化理念里，有这么一段话：“我们始终基于当前干线铁路、城际铁路、城市轨道交通及公路交通业务发展的情形下，向交通领域更专业、更全面的方向寻求发展。”和利时人对大交通的“大”的理解是更专业、更全面的业务领域。

显然，和利时的策略是多向并行发展，他们要不断寻找第二发展曲线和第二生产力，敢于探索过去“从来没有去过的地方”，寻找新的业务机会。同时，利用管理优化和组织优化，继续打赢一场又一场攻坚战。

和利时人有信心向一座座技术高峰发起挑战，他们的信心来源于对自身优势的认知。经过多年奋斗和拼搏，和利时已然拥有如下三大优势：

和利时进入轨道交通领域比较早，对行业的需求有着比较全面、深入的了解，容易与用户沟通，能够最大限度地满足用户需求。这也决定了和利时制定解决方案的能力不断提升。

和利时有着非常雄厚的自主研发能力——而这一点绝对是支撑轨道交通业务的根基。在当下涉及到的城市轨道交通、公路交通和职教领域，和利时区别于其他竞争对手的主要就是其有着自己的核心技术、研发队伍和产品。

和利时集团几大业务单元所形成的天然结构，可以为客户提供全面的整体解决方案，从企业信息化到自动化，和利时有着为客户提供从最底层的控制到监控再到上层企业信息化的全面解决方案的能力。

不过，从高铁到地铁，再到大交通领域，显然并非“复制”那么简单。比如，在城市轨道交通领域的发力时机方面，和利时虽然错过了最佳的市场进入机会，但并不是说没有机会，因为还有一个定语“最佳”。不服输的和利时团队刚开始“屡战屡败”，但他们“屡败屡战”，一直在坚持，也一直在努力。

事实上，轨道交通自动化技术发展到今天，进入了全数字化、智能化、信息化的新阶段。在这个全新的领域，国内、国际企业都处于探索阶段，没有绝对的领先者。对国内企业来说，这是一个弯道超车的绝佳机会。和利时不甘人后，及早规划出了拥抱自动化、信息化和智能化的新技术发展路径，并提出了“智能控制、智慧管理、自主可控、安全可信”战略，未来将加大力度，不断探索工业互联网、大数据、5G、边缘计算、信息安全等新一代技术与轨道交通的深度融合，推出下一代智能化程度更高、更切合中国铁路发展需求的系列技术产品，为将我国建设成为交通强国提供科技助力，助推我国早日步入全自动化、全智能化的绿色交通时代。

“君子务本，本立而道生。”可以看出，10%~15%的复合增长目标，不是拍脑袋想出来的，而是有路径和策略的支撑，务实的和利时不会制定不切实际的目标，而只会找到符合自身发展的最优节奏。

今后，和利时将继续深入探索更多新技术、新模式，在国家“新基建”和“双循环”的战略指导下，以市场需求为抓手，以用户智能发展为目标，勾勒出一幅产业高质量发展的新图景。

第9章

成长的力量

物竞天择，适者生存。历史车轮滚滚向前，有不少企业，经不起危机的考验而走向衰败。而也有一些企业，能够独立于经济周期之外，顽强而又茁壮地成长，不断地发展、不断地变革、不断地创新的和利时显然属于后者。

一群志向高远的大学老师，从零开始，白手起家，披荆斩棘，摸爬滚打，终有所成，将公司打造成了交通信号领域的有力竞争者之一。这其中，我们看到了一股成长的力量。

成长是一种修行，成长是一种磨练，成长是一种学习，成长是一种历险。和利时可能是中国企业版图上一个独特的样板，一群大学老师创业，没有任何资源和背景，甚至最初还需要用不太相关的副业来“养活”主业，但最后他们依然克服重重困难，善于向强者学习，最终也成长为强者。

成长靠的从来不是豪言壮语，而是踏踏实实的努力。冰心在《繁星·春水》的一首诗中写道：“成功的花，人们只惊羡她现时的明艳。然而当初她的芽儿，浸透了奋斗的泪泉，洒遍了牺牲的血雨。”显然，温室里长不出参天大树，没有经受过摔打磨练的考验、承受过雨雪风霜的洗礼，任何树种都难以真正成长成材。经过多年磨砺，和利时打造出了一个有学历、有阅历、有经历的优秀团队，他们就像海绵汲水一样不断吸收阳光和养分，积蓄茁壮成长的力量。

这个优秀的团队，睡过办公室的椅子，轮流睡过一张床铺，常年无休是家常便饭，数月不回家也屡见不鲜，高铁司机轮流休息了他们却要连轴转，别人早已进入梦乡的时刻却是他们最忙碌的“天窗时间”，确保每天两小时睡眠竟然成为大提速奋斗时期的“福利”……

就这样，和利时团队一直向阳而生，奋斗着、拼搏着、成长着。

成长当中，最重要的就是有梦想和目标牵引。不难看出，和利时这么多年的发展历程，正是由不断提升的目标所指引，并且他们做的都是外界看来“不可能”的事情。从跟跑到某种程度上的领跑，从追随到“以我为主，博采众长，融合提炼，自成一家”，和利时善于向标杆学习，并结合本土实际，走出了一条自我创新发展之路，击破了一个个“不可能”，树立了一个个“里程碑”。

显然，一个企业要想基业长青、稳步登攀，需要锻造出百折不挠的成长“韧性”。由于所做的工作和业务都不显性，和利时不会引起公众的过多注意，某种程度上，他们就像一棵在沙漠中独自成长的胡杨。的确，和利时不断成长的韧性，很像“不怕侵入骨髓的斑斑盐碱，不怕铺天盖地的层层黄沙”的胡杨树，无惧狂风肆虐、黄沙漫天，无惧没有水分和养料，在艰难的生存环境下快速生长着。所以，和利时这一民营企业的成长样本，极为值得我们深入研究并充分借鉴。

有的企业关注“恒”，而有的企业则关注“变”。可以看出，与部分企业关注“什么因素在改变行业的短期格局，我们如何利用它，进而如何实现颠覆”不同，和利时似乎更关注：是什么因素在决定公司的持续成长？我们如何找到它？进而如何抓住它？因此，和利时有着一条连续而向上的成长曲线，而非多次中断、起伏不定。

成长，不仅意味着长大，也必然带来进化。

经过风雨交加的数十年成长之后，和利时开始瞭望远方。同时，他们也意识到，百年企业，靠的不可能是百年机遇，而是百年机制。而百年机制，又靠的是百年文化。文化，又是生长出来的！而和利时正有着自发生长出来的优秀文化，助力他们不断成长，扬帆远航。

光阴荏苒，和利时俨然已从初涉轨道交通自动化领域的懵懂少年成长为臂膀坚实的青年。“长风破浪会有时，直挂云帆济沧海”，成长之路必然充满艰辛和险阻，但正是在优秀的成长文化之下，踏实、勤奋的和利时人步调一致，永远向前，让这列“开往春天”的列车迎风呼啸前行。

下面，我们撷取一些和利时人的心里话，作为本书的结尾，也作为我们向全体和利时人表达的敬意：

一群聪明、勤劳的“愚公”

国铁自动化事业部的一名一线员工说道：

“2016年，注定是不平凡的一年，工程项目多、技术复杂、时间紧、任务重成为项目团队面前的一座又一座大山。从设计到研发、从测试到工程，在整个国铁团队的共同努力下，我们这一群聪明、勤劳的‘愚公’们发挥了移山的精神，吃苦耐劳、加班、熬夜成为很平常的事情。这一年完成了一项又一项艰巨的工程和售后服务任务。给用户创造价值的同时，获得了大量用户的好评。今天站在这里的我，只是团队中的一员，或者说是团队的一个缩影。我所代表的团队是一群为了共同事业而勇往直前的威武之师。白驹过隙，我们犹记得西三旗无数个凌晨三、四点的天空，也记得亦庄园区灯火通明、通宵达旦的试验室，更记得铁轨旁、信号机械室中、高铁动车上的一个个日日夜夜。参加工作至今的很多经历和事情还历历在目，有苦有甜、有失有得，与公司共同经历成长。总结成一句话：无悔青春，无悔和利时人！”

我们未曾辜负时光

“记得2012年项目刚启动，我们在给客户做介绍的时候，客户都觉得我们的团队十分年轻。然而，就是这群‘青涩’的年轻人，抱着初生牛犊不怕虎的精神和劲头，全身心地投入到了港铁项目中，披荆斩棘，顺利完成了香港段的设计工作。和利时也因此成为第一个获得MTR‘质量银奖’的机电类承包商。

“还是这群年轻人，在2013年顺利完成了对各个分包商和供应商的生产测试见证工作，同时在北京顺利组织实施了整个信号系统的集成仿真试验。这些工作得到了客户的高度认可，我们再次蝉联了MTR‘质量银奖’。

“2014年我们将工作重心转入现场施工，客户对现场的管理要求极为严格，各种进场条件近乎‘苛刻’。然而我们的团队再次发扬了‘遇强更强’的战斗作风，无论是现场安全管理，还是施工安装督导，我们都狠抓细节，严把质量关。依靠不断学习、持续改进的精神，我们在施工安装阶段又获得了‘品质铜奖’。

“2015年项目团队在土建施工延误的情况下，仍然坚守在第一线，积极推进可以开展的工作，没有因为时间的改变而降低工作质量。我们在测试方面的努力工作获得了客户的再次认可，在2016年11月荣获了机电承包商的最高荣誉——‘质量金奖’。

“2017年我们在现场测试条件限制、极为不利的条件下，分段完成了整条线的信号系统静态测试和动态测试，经历了数不清的不眠之夜，隧道中的每根轨枕都记得我们曾洒下的汗水。2017年的‘质量铜奖’是对我们团队在项目最后阶段努力的极大肯定。

“经过六年的历练，时光带走了我们的‘青涩’，留下了成熟和坚定。我们可以自豪地说，我们未曾辜负时光。”

所有磨难都转化为令自己成长的资本

“回首港铁项目这6年，我们经历过的所有磨难都转化为令自己成长的资本；同时也磨炼出一批技术专精、吃苦耐劳的安装岗位能手。面对困难，想，都是问题！做，才是答案！给自己一个奋斗的理由：不要当自己回首过去时，除了蹉跎，一无所有。”

不能以任何理由和借口影响目标的达成

“犹记得2013年5月14日，我第一次正式参与广深港高铁香港段主控系统设计工作。那一年我24岁，有着一股初生牛犊不怕虎的劲头。从青葱岁月到了今天的而立之年，853这三个数字深深地刻在了我的心中……作为集成商，接口工作的复杂性和各方考虑问题的角度不一样，导致我们在协调工作中常常要面对种种困难和委屈。但是大家始终统一思想，明确目标，不论过程中发生什么，都不能以任何理由和借口影响目标的达成。

困难容易被留在记忆里——每天早晨7点起床，两小时路程9点到公司，每晚19点下班，再来两小时路程，21点到家，可以说工作日根本没有自己的时间。我们住过10平方米只够放两张床的小旅馆，爬过从地下至地面垂直高度130米的楼梯，路过遍地坟墓、野狗的村庄，度过叫人大汗淋漓的香港6、7、8、9月；待过没有空调只有土的机房……

收获更容易被留在记忆里——5年时间一晃而过，而我则由小愤青变成了能屈能伸的大叔。在其位谋其政，任其职尽其责，坚持到底，5年时间我们做到了！”

“我们工作中有过痛苦，有过矛盾，但我们没有一个人退缩，都坚持到了最后，见证了香港第一条高铁开通，见证了堪称被载入史册级别工程的完工。我们是幸运的，也是自豪的，将我们的青春献给这一伟大工程是值得的。”

为交通运营保驾护航是我们义不容辞的使命

使命就是日复一日的坚持：自2007年4月18日，全国铁路第六次大提速开始，和利时就开启了日报制度，这一坚持就是十几年。无论是否出现故障，无论是工作日还是节假日，和利时的关键领导每天早上8点，都会准时打开邮箱，关注并仔细阅读主题为“全路列控产品日报”的邮件。无论是否“零故障”，每天坚持进行列控产品运营情况日报告已经成为和利时团队固有的“传统”。比如，和利时团队为全面掌握设备的运营动态，每天都必须关注“是否影响了运行”“影响了几分钟”等看似枯燥乏味的事项——但这正是和利时团队日常工作的真实写照，而这一切，都是为了让每一位出行者能更安全、更准时地到达目的地。

默默在不计其数的出行者背后工作的和利时团队，对于高强度的工作没有丝毫的怨言，同时还充满了感恩。一位和利时高管这样说："其实要感谢我们服务的客户，感谢各个铁路局电务系统同仁给予的支持和理解，帮助我们不断地推动产品质量改进。而我们作为'系统供应商'，保障好交付产品稳定可靠的运营，是我们义不容辞的责任。"

在和利时，使命就是在万家灯火的掩映下，甚至在举国同庆、阖家团圆的时刻，依然有条不紊、不知疲倦地工作：一位和利时人说："除夕的前一天，我们对车载设备进行了厂内动调实验，逐一确认各项实验项目是否合格，从事铁路信号工程工作的我们，工作上容不得半点大意。我经常和同事们开玩笑说，做咱们这一行的都有强迫症，每一个实验，编写每一个程序，我们都需要再三确认，因为我们每个工程人员都非常清楚，我们的ATP设备是列车安全运行控制设备的关键，每一项工作都事关重大，尤其是铁路行业，是民生重要的基础公共交通设施。重任在肩，保障列车安全运行是我们义不容辞的使命。"

可以说，和利时看似在小步快跑，其实是在飞速的跨越发展，但从未盲目。和利时人凡事必成的魄力和咬定青山不放松的毅力，也让和利时的事业有了基业长青的基础。

成功的逻辑。优秀企业的成长，总能看得到，摸得着，听得见，有迹可循，有道可依。至此，很多人好奇的问题：

作为一个并不具备先天优势的企业，在全球竞争对手林立的大环境下，在铁路信号这一具有垄断性特点的产业中，和利时是如何披荆斩棘，从而拥有一席之地的？

和利时管理层是如何凭借其长远的战略眼光、果敢和执着的目标感，推动和利时在交通自动化领域发展壮大的？

数位大学老师出身的高管，是如何做到用自己独特的企业文化和价值观、独到的战略眼光和杀伐决断，通过温和而理性、稳健而骁勇的“政委式”领导风格，将永远比竞争对手“高出15分”的竞争策略和持续创新精神，在和利时发挥得淋漓尽致？

笔者想，各位读者心中已然有了答案。

附录

徐悦的管理白话—36条

战略管理

战略是什么：今天赚钱，明天赚钱，后天仍赚钱，而且赚得更多，要有持续盈利的能力

业务双稳（稳收入、稳利润），是过冬的棉袄

业务要盘活，布局要合理，兜里要有底牌，凡事不要轻易认为不可能，要学会做经营，才能将"不可能"变为"可能"，要自己创造机会和可能

业务规划，首先要定位：确认我们在哪儿；其次要确定准备去哪儿，为什么去那儿；最后确定怎么去那儿

企业发展不能"跳着走"，做好"压舱石"，不要忘了自己的核心竞争力

机会和市场都是有的。存量市场解决养家糊口；增长靠什么？要靠创新，要寻求业务的增长点

给用户创造价值了，你就有价值了；你有价值了，就实现了增长，这就是业务发展逻辑

走国际化，不能扛着一支猎枪到处去找“鸟”。用当地的企业，当地的人去做当地的事（国际化）

“同吃这碗饭就要好好吃”，这就是生态。头部企业要去维护生态，而不能破坏生态

需求管理

要站在用户端想问题，给用户创造价值，其实用什么技术用户并不很在意，用户在意的是产品是否好用，建设成本低不低，运营成本低不低

我们要在标准上做到引领。一定要清楚自己是干什么的、卖什么、卖给谁、怎么卖、怎么赚钱，要形成一个解决方案

产品部门要解决用户需求问题和现场问题，这是饭碗问题，要严肃对待

开发产品，先想清楚要解决什么问题，怎么解决，需求是第一位的

研发人员要勇于进取，你们是未来的牵引力、产品创新驱动力，要开阔眼界，大胆突破

竞争，没有别的，就是别人能做80分，我们无论如何都要做到95

市场管理

交通业务每个板块都要发声，要形成一个大圈子，形成生态，首先就要宣传

要用业务的语言去跟客户交流，才能接近用户、了解用户、做出用户真正想要的东西

拿项目要有“群众”基础，没有用户的支持是拿不到项目的

开荒是一件很难的工作，开荒不见得能打粮食，不开荒肯定打不到粮食

交易管理

每个项目经理都要经营好自己的项目，就像经营一家公司，想尽办法让项目盈利更多

保证项目交付，落实回款到账，落袋为安才是硬道理

交付管理

有东西销售就要卖出去，卖出去的东西
设计和开发就得供得上

服务管理

销售部门是开荒的，粮食产出要看怎么去播种
能让土地的收益更好，这就是服务

三化九字（标准化，专业化，系统化）：
作业要标准化；服务要专业化；管理要系统化

属地化：全国有铁路局的地方，
有主要站段的地方，都要有和利时的人

企业文化

做企业的第一要务是为用户服务，
签了合同就要兑现承诺，用户是衣食父母

做事要有冲劲，要向前，不能守，
踢足球进攻是最好的方式

全体干部都要面向用户，真诚地为用户设想，
要树立这种意识

承诺的事情就要兑现，要有契约精神，
对岗位、对工作产出，要有责任感和使命感

人力资源

战略是打出来，打是需要人的，没有合格的人
一切都是空谈

干部要有预见性，不能总处于“灭火”状态，
要提前预防，避免“起火”

培养干部，要敢于授权，但授权不授责

能拿回高质量合同（能履约、能盈利），
才是合格的销售人员

和利时员工，要让他有事干，有他想干的事情

通过轮岗，能够使干部之间相互理解，
使岗位之间相互理解

我们没有学历歧视、没有年龄歧视、只有
技能“歧视”

交通业务历年获奖及荣誉

国家科学技术进步奖 二等奖

复杂路网条件下高速铁路列控系统互操作和可靠运用关键技术及应用

中华人民共和国国务院 2017年12月

原铁道部科技成果表彰 一等奖

CTCS-2列控系统研究及应用

中华人民共和国铁道部 2007年9月

铁道科技奖 特等奖

大西高速综合试验

中国铁道学会 2021年1月

高铁列控系统安全关键技术深化研究 二等奖

中国铁道学会 2021年1月

CTCS-2级列控车载系统集成创新与优化 一等奖

中国铁道学会 2019年1月

城际铁路CTCS2+ATO
列控系统研究与应用 一等奖

中国铁道学会 2019年1月

CTCS-3级列控系统互联互通
测试验证关键技术及应用 一等奖

中国铁道学会 2015年3月

CTCS-3级列控系统研究特等奖

中国铁道学会 2012年12月

临时限速服务器的研究 二等奖

中国铁道学会 2012年12月

遂渝线无砟轨道综合试验段
关键技术试验研究 特等奖

中国铁道学会 2008年11月

列控中心系统设备研究 一等奖

中国铁道学会 2008年11月

自动售站台票系统 三等奖

中国铁道学会 2005年3月

北京市科学技术奖 一等奖

城市轨道交通自主化全自动运行
系统关键技术及工程示范

北京市人民政府 2018年11月

**城市轨道交通综合自动化
系统研发及产业化 三等奖**

北京市人民政府 2014年1月

**城市轨道交通综合监控自动化
系统（MACS-SCADA）二等奖**

北京市人民政府 2006年2月

中国交通运输协会科学技术奖 一等奖

ZPW-2000S无绝缘轨道电路
系统研究及川藏铁路应用

中国交通运输协会 2021年3月

中国智能交通协会科学技术奖 二等奖

北京轨道交通燕房线智能
运维平台关键技术研究及应用

中国智能交通协会 2020年9月

城市轨道交通科技进步奖 一等奖

城市轨道交通自主化全自动运行系统研究及应用

中国城市轨道交通协会 2019年3月

MTR工程品质管理奖 金奖

港铁841A/841B工程

港铁（Mass Transit Railway）2016年11月

致谢

白驹过隙，《从一棵树，到一片森林——和利时交通业务成长启示录》历经一年多时间的采访交流、调研撰写、编辑打磨，终于要面世了。

这本书记录了和利时交通业务发展过程中的成长经历，承载了交通业务独特的“安全文化基因”和宝贵管理经验。我们试图通过写这样一本书，以期现在和未来在和利时从事交通业务的员工能更好地传承一种不断成长的企业文化。这本书也将作为外界了解和利时交通业务的窗口，向世人娓娓道来它鲜为人知、充满艰辛、韧性十足的成长历程。

本书从主题构思到内容框架搭建，从访谈调研到资料调阅，再到后期书稿的撰写、修改与审定出版，历时一年多，这期间我们获得了各方众多的关怀、帮助和支持，在此，我们向他们表达最诚挚的感谢。

首先，我们真诚地感谢和利时集团创始人王常力博士于百忙之中为本书作序，序言字里行间都透着他对交通业务的情愫及对未来的期望。

其次，我们真诚地感谢每一位参与本书访谈的和利时交通所有业务领导：徐悦、何春明、李智、李剑、汪小亮、王东民、任德学、周小辉、张浩。案牍劳形之余，他们参加人物访谈，并与采访记者畅谈交通业务的成长点滴，这些成就了本书中那些激动人心和妙趣横生的故事。

再次，我们真诚地感谢每一位参与本书修改与审订的领导及同事：何春明、李智、汪小亮、李明实、张大鹏、吴玲、张浩、王丽艳、赵洸。他们严谨负责，工作之余先后多次对本书的纵向及横向部分提出了非常中肯的修改意见和建议，使本书的行文更加锦上添花，为本书顺利完成终稿及审定起到了重要的作用。同时，我们也感谢其他为本书撰写提供第一手素材及相关材料的同事，感谢他们对本书编写工作所给予的大力支持。

最后，我们真诚地感谢中外管理传媒项目团队为本书所做的努力与付出，正是他们专业的笔触，使得和利时交通业务的成长故事回味悠长。

“逝者如斯，而未尝往也”，承前启后，薪火相传，我们相信，和利时交通业务也一定将历久弥新，生生不息，奔赴百年征程。

《长歌行》诗曰：“青青园中葵，朝露待日晞”，和利时交通业务正如郁郁葱葱的园中葵，在晶莹的朝露中等待着阳光的一轮轮照耀，和利时团队也将一直向阳而生，继续奋斗着、拼搏着、成长着。

和利时交通业务团队

2022年4月12日